ことわざ・格言を楽しみながら
「骨組みの可視化図」で読み解く
英文法の本質

― 特徴 ―

☆ 一目瞭然で、判り易い、英語の三大要素「英単語」「英文構成要素」「語法(Wording)」を三位一体的に組み上げた可視化図

　　　－従来の８品詞でなく、14品詞の考え方を提唱
　　　－５つの英文構成要素要件を充足し、矛盾なく、
　　　　多彩な表現を可能にする語法(WORDING)の組入れ

☆ 「英語」と「日本語」の顕著な構造上差異の明示

☆ 辞書とインターネット(Google & Yahoo)の活用による
　　英語の自学自習方法の提示

☆ 読んで、楽しい例文に、含蓄に富み、印象深く、
　　忘れ難い異文化の「ことわざ・格言」の徹底引用

☆ ことわざ・格言の事例で明示される、多様で多彩な
　　英語表現の学習に最適

☆ 世の中グローバル化渦中の時代、異国の文化・考え方への
　　巧まざるアクセスに、好適なサイドリーダー

英文法骨子の全貌とその可視化図

A Words
（八品詞+派生語+句）

言葉の部品(パーツ)、14種

単独部品

1 名詞

2 代名詞

3 形容詞

4 副詞

5 動詞

9 現在分詞 *

10 過去分詞 *

11 動名詞 *

12 不定詞 *

6 接続詞

7 前置詞

8 間投詞

複合部品

13 形容詞句 *

14 副詞句 *

英文法の「全体像の骨子」の骨組を
鳥瞰視すると、次の様に、三つの
要素, A, B, C で三位一体化します

→ 骨 組 み 構 成

日本語の辞書には、品詞を表したものはありません。
ギリシャ・ラ テン語に端をはっした伝統・学校文
は、全ての辞書にみられるように、各単語を八品詞
八品詞の**機能分類**で記載していますが、実情は、動
詞に、*印を付けた四つの派生語(これらの殆どは辞
辞書に記載はありません、何故なら、規則変化のも
のを記載すると、飛んでもないペースの無駄使いに
なるからです)があり、現在分詞と動名詞は動詞の原
形に ing を、規則通りに付けたものであり、不定詞
は動詞の原形に前置詞 to をプラスしたものです。
また、前置詞と名詞相当語の組み合わせにより、二
つの複合部品、形容詞句と副詞句が作られ、左に番
号を振った様に、単独部品と複合部品の合計 14 種
の言葉の部品が使えることになります。
これらの部品である **WORDS(14 parts of speech)**
を使い英文を作るのですが、これらを「英文構成
要素」の要件を満足させながら、更に右に示す三つ
の要件を加味させながら、三位一体化するのが、英
文法の全体像なのです。

適格品詞

B 英文構成要素

構成要素	適格品詞	説明
主語(Subject)	名詞、代名詞、名詞節 不定詞/不定詞句 動名詞/動名詞句	一つの英文の柱となる成分の一つ
述語(Predicative)	動詞(含助動詞)	主語の動作や状態を表す
目的語(Object)	名詞、代名詞、不定詞/不定詞句 動名詞/動名詞句	動詞の働きを受ける言葉
補語(Complement)	名詞、代名詞、形容詞 動名詞/動名詞句、名詞節	主語と目的語の補いとなる言葉
修飾語(Modifier)	形容詞、形容詞句、副詞、副詞句、副詞節	名詞や動詞に添える言葉

↑ 組込み

語法（ｗｏｒｄｉｎｇ）とは「言葉使い」のことで色々な表現形態を可能にするものです。

C 語法選択

進行形	完了形	不定詞	動名詞	分詞構文
受動態・能動態	仮定法	譲歩	節と句	時制
関係代名詞	関係副詞	複合関係詞	形式主語 IT	
NO を用いた否定表現		無生物主語・目的語	語順	
比較の用法	挿入と強調	話法	倒置と省略	等々

注　もっとすっきりした姿の全貌は page14 をご覧下さい。

品詞の全貌(基本の八品詞+派生語+複合部品)計 14 品種　................

まえがき...　10

「英文法骨子の全貌」 早わかり　..　12

「英文法が何故必要なのか」　...　13

「英文法の全体図」のすっきり可視化図.................................14

一　目次　一

英和辞典上の単語の分類、8 品詞(8 Parts of Speech)......................　16

「辞書を引くこと」と重要な注意事項...................................　17

辞書に見当たらない単語(語尾変化の起きる品詞)........................　17

英語の自学自習のための「インターネット」の活用......................　18

八品詞分類とその実態..　24

英文構成要素－修飾語 / 主語 / 述語動詞 / 目的語 / 補語...............　26

「英文法骨子の全貌」可視化図..　29

単独部品　(八品詞基本)..　30

複合部品(形容詞句) (副詞句)..　30

修飾語、主語、述語動詞、目的語、補語...................................　34

英文構成要素一覧表(主語、述語、目的語、補語、修飾語)..................　38

構成要素の適格品詞..　39

語順の基本..　41

異常な語順..　47

英文基本文型と動詞をベースの語順..　48

「英語」と「日本語」の言語構造上の顕著な相違点.......................　50

  1.　普通名詞の単数/複数と不定冠詞/定冠詞

  2.　代名詞の存在と多用

  3.　仮主語 IT の仕組み

  4.　動詞と助動詞の時制

  5.　形容詞と副詞の比較級と最上級

  6.　形容詞 No を使っての否定文

  7.　文中の補足説明の「関係代名詞」と「副詞」

  8.　前置詞の活躍

  9.　接続詞の文中位置

語法(Wording)...60

語法の詳細一覧............動詞ベース / 名詞/代名詞/接続詞ベース
　　　　　　　　　　　形容詞ベース　/　その他ベース........................61

現在進行形
(含過去及び未来)............Be 動詞+現在分詞..63

付帯状況......................現在分詞 /with＋名詞＋形容詞 / 過去分詞
　　　　　　　　　　　　/ 現在分詞 / 形容詞句........................68

現在完了形..............行為の完了/ 経験 / 結果 / 状態の継続............70

意味上の主語.................不定詞の場合 / 動名詞の場合..........................75
(Sense Subject)

The＋ 過去分詞　(単数及び複数の普通名詞また事柄)....................78

特殊な形容詞と過去分詞の名詞化...79

動詞変態ルールの一貫性(12 種の時制表示)................................81

現在進行形...83

現在完了...84

動名詞と慣用動名詞句(Idiomatic Phrases)...................................89

分詞構文(慣用的分詞構文)..91

受動態と能動態...............自動詞 ＋ 前置詞の受動態...............95
　　　　　　　　　　　　喜怒哀楽動詞の受動態形 / Get ＋過去分詞
　　　　　　　　　　　　行為者の省略と特例

仮定法........................直接法 / 命令法 / 仮定法...........................102
　　　　　　　　　　　仮定法過去完了 / 仮定法現在 / 仮定法過去
　　　　　　　　　　　仮定法の慣用法

動詞の分類(知覚/使役/思考動詞) Be / Have / Do 動詞..........................106

形式主語 IT......非人称の主語 / 天候 / 気候 / 時間 / 距離......................110
　　　　漠然とした状況・状態
　　　　仮主語(不定詞と不定詞句、動名詞と動名詞句の代わり)
　　　　強調構文を作る

無生物主語・目的語を用いた否定表現...113

関係代名詞－前置詞を伴うもの / 関係代名詞の省略 / 疑似関係代名詞........116

比較の用法...124

副詞の比較用法...126

文修飾副詞...128

形容詞 No を用いた否定表現(形容詞句と副詞句)...........................132

全否定,部分否定,二重否定...135

The ＋ 形容詞...137

強調、倒置、省略、挿入、反復.. 138

語順... 141

譲歩...143

句と節(名詞句、形容詞句、副詞句)(名詞節、形容詞節、副詞節)...................146

時制...151

文の種類...155

英文の読解・判読・解読手順..165

自己診断 CHECKLIST － 英語学習 KEY 項目................................167

巻末付属リスト

名詞　- 名詞の複数形の作り方 (規則変化)..169
（Singular Form → Plural Form ）
- 名詞の単数から複数に不規則変化するもの
- 名詞の、常に複数形で用いるもの
- 名詞の単数と複数が同形のもの
- 名詞の単数と複数で意味の違うもの

形容詞　- 形容詞の不規則変化 (原形、比較級、最上級)............................174

動詞　- 動詞の現在形の特例(三人称、単数、現在)........................178
- 動詞の語形変化 (Conjugation)
- 現在分詞と動名詞の作り方

副詞　- 形容詞を副詞に変えるルール......................................183
- 不規則変化の副詞 (原形、比較級、最上級) 184

文法用語索引 185
英語語句索引 188
英文諺索引 193

巻末一覧表　（英文法全貌の骨子の鳥瞰・俯瞰に活用)............226

八品詞(8 Parts of Speech)と派生語の全貌................. 227

語法(Wording).. 229

英文構成要素(主語、述語動詞、目的語、補語、修飾語)...................... 231

構成要素の適格品詞.. 232
参考文献 224
国内&海外ことわざ参考文献...................................... 224
あとがき

品詞の全貌 (基本の八品詞+派生語+複合部品) 計 14 品種

どの英和辞書に載っている英単語も、原則八品詞(**8 Parts of Speech**)に分類されていますが、実は、以下に示す通り、動詞に４種の派生語があり、更に、前置詞と名詞、或は名詞相当語の組み合わせで出来る「形容詞句」と「副詞句」の二種が加えられて、合計 **14 種**の品詞が活用出来る、巧みな仕組みがあるのです。

単独部品 (12 種)

名詞

A hungry **man** is an angry **man**. − 空腹の人は怒りっぽい人である(諺)

代名詞

It is ill striving against the stream.
　　　　　　　　　− 流れに逆らうのは良くないことである(諺)

形容詞

All roads lead to Rome.　　　　　− すべての道はローマに通ず(諺)

副詞

Make haste **slowly**.　　　　− ゆっくり急げ(急がば回れ)(諺)
Too many cooks spoil the broth.
　　　　　　　　　− 料理人が多過ぎるとスープが駄目になる(諺)

動詞

A burnt child **dreads** the fire.
　　　　　　　　　− 火傷した子は火を恐がる(羹に懲りて膾を吹く)(諺)

現在分詞

Don't swap horses when **crossing** a stream.
　　　　　　　　　−川を渡っている時馬を取り替えるな(諺)

過去分詞

No one has ever **seen** tomorrow.　　− 誰も明日を見たことはない(諺)

不定詞

To deceive oneself is very easy.
　　　　　　　　　− 自分を欺くことはきわめて容易である(諺)

動名詞

Sparing is the first gaining.　　　− 節約は第一の所得である(諺)

前置詞

Rome was not built **in** a day.　　　− ローマは一日にしてならず(諺)

接続詞

Books **and** friends should be few **but** good.
　　　　　　　　　− 本と友達は、数少なくてもいいものであるべき(諺)

間投詞

Alas, by what trivial cause is greatness overthrown!
　　− 悲しいかな、何たるつまらぬ原因で、偉大なものが廃されるのか(諺)

複合部品 (2 種)

形容詞句

A bird **in the hand** is worth two **in the bush**.
　　　　　　　　　− 手中の一羽は藪の二羽に値する(諺)

副詞句

All good things come **to an end**.　−よい物事にはみな終わりが来る(諺)

一つの完全な英文を作るには、通常、5つの構成要素が使われます。

| 修飾語 | 主語 | 述語動詞 | 目的語 | 補語 |

部品としての単語を、積み木の様に、構成要素の要件に従って、一定のルールで、組み上げることにより、英文が完成します。　このルールの集大成が英文法です。

品詞	機能	英文構成要素
名詞	有形、無形を問わず、物や事柄などの**名称**を表す	**主語、補語、目的語**
代名詞	名詞の**代**りに用いられる	**主語、補語、目的語**
形容詞 (含冠詞)	**形や有り様**を表して、名詞及び名詞相当語を修飾する	**修飾語、補語**
副詞	次の品詞に**副**えて修飾する **形容詞、動詞、副詞、および文全体**	**修飾語**
動詞 現在分詞 過去分詞 不定詞 動名詞	物事の**動き**(状態も含む)をあらわす 　自動詞(目的語を伴わない) 　他動詞(必ず目的語を伴う) 　助動詞と併用する	**述語動詞**(含助動詞) 　－Be 動詞 　－Have 動詞 　－Do 動詞　　に大別
前置詞	名詞や名詞相当語の**前**に**置**いて、 位置、場所、時間、関係などを表す	名詞や名詞相当語等をつなぎ**句**を作る
接続詞	**単語**と**単語**、**句**(2 個以上の単語の集まったもの)と**句**、**節**(一つの独立した文章)と**節**とを**接続**する	従属節の頭の位置にくるか、等位節を結ぶもの
間投詞	驚きなどの感情を表すため、文の間に**投**げ入れる詞	文とは文法的に独立

単独部品と複合部品の違い:

　　殆どの品詞は、単独部品(不定詞は、to と言う前置詞を伴っているので例外ですが、便宜上、単独部品の扱いにしています)ですが、**前置詞**と**名詞**或は**名詞相当語**の組み合わせで、二種類の複合部品というべき**「形容詞句」**と**「副詞句」**が生まれます。

まえがき

　　神戸で生まれ、岡山の山間僻地で育った著者は、家庭教師や塾のない環境で英語学習がはじまり、幾多の英文法書や英文法解説書に出くわしましたが、生憎、英文法の全体図は、こんな形なんですよと、提示された経験はありません。年齢 80 才に達することになりましたが、やっと、「英文法の骨子の全体像」を可視化図にすると、こうなりますよ、と思う様になりました。そんな思いを表したのが、本著です。

　　著者は、大学卒業後、生きた貿易実務の世界に放り込まれたので、英語の家庭教師や英語教育に関わった経験は全くありませんが、前著「**英文法読本**」出版後、たまたま大学の同期生に出会い、本の話しをしたら、大学及び高校等の英語教育専門家の集団である、**日英言語文化学会(AJELC)** の会長を紹介され、同学会のメンバーとしての参加が許され、しかも、拙著についてのプレゼン・スピーチの機会が与えられた上、幸運にも、AJELC 創立 10 周年記念の「随想集」(2016 年 2 月刊行)に投稿参加が認められました。　その投稿資料が、「英文法骨子の全貌」可視化図の開示でした。

　　すべての英和辞典・辞書では、記載の全単語について、**八品詞分類**のルールに従って、はたらき・機能分類しています。　これを、更にくわしく調べてみると、八品詞の一つ、動詞に、**四つの派生語**が存在すること、更に、前置詞と名詞あるいは名詞相当語の組み合わせで、形容詞と副詞に相当する、形容詞句と副詞句の**二つの追加の句**が作られることがわかります。　換言すれば、**単独部品の八品詞**と派生語 4 個とを合わせて 12 個、それに**複合部品の句の 2 個**があり、**総計 14 個の言葉の部品**が存在します。

　　これらは、一つの英文(システム)を作り出す「積み木」の部品なのです。英文法と呼ばれるものは、この「積み木部品」の組み上げルールのことなのです。部品の全体像、すなわち、全貌が判明すれば、理解と把握は容易です。

　　「木を見て山を見ず」という諺がある様に、樹木の茂った山に入ると、その山の位置を事前に把握してないと、道に迷うことがあります。　英文法の学習においても、同様なことが発生します。　あまりに細部を調べていると、英文法という「全体図」がどうなっているのか、さっぱり分からなくなることが起きます。常に、現在位置を認識しながら、学習を進めるのが最善のアプローチと考えています。従って、本書は、**英文法の全貌、全容**を、出来るだけ判り易い形で、**「全体図」** または **「全体像」** で提示し、学習効果を上げることを、主眼としています。

本書の題名は、"ことわざ・格言を楽しみながら「骨組みの可視化図」で読み解く英文法の本質"としていますが、 英文法の概要の理解と習得のため、可能な限り、英語の諺・格言を例文に引用しました。 その理由は、以下の通りです。

　「英語の副読本」として、引用例文を読むだけで、楽しい異国の「言い伝え」や「ことわざ」を、自然に学ぶことが出来ると思ったからです。

　どこの国にも、つぎのように、多様な言い回しや言い伝えがあります。

Proverbs (諺) - その国の民衆の生活から生まれた、教訓的な言葉
Sayings （格言) - 人間の生き方を端的に言い表した古人の言葉
Adages （金言) - 普遍妥当の真理を巧みに言い表した、偉人の言葉
Maxims (処世訓) - 世渡りする上で失敗しないための(消極的な)教え

(新明解国語辞典から)

　要するに、これらは、人類の叡智の凝縮であり、人間の営み一切にかかわって、真理、教訓、風刺、皮肉等を切れ味鋭く、かつ簡潔に表現します。従って、間違いなく、強い印象効果で、鮮明に記憶に残ります。 諺には、教科書を含む、学習教材や学習参考書等には見られない、多彩で、多様な英語表現が、際限なく、示されているからです。

　尚、本書の引用文の末尾に(諺)のマーキングのあるものは、巻末に掲げた参考文献から採られたものです。 このマーキングのないものは、一般例文で、辞書等、その他の文献からのものです。

　本書では、お気づきになるでしょうが、2頁にわたる一覧表表示を多用しています。 まず、全体は、どんな具合になっているかを俯瞰して、細部を知るのが一層効果的だと考えるからです。

　本書が、多くの英語嫌いの人を英語好きの人に変えるのに、なんらかの形で、役に立つことになれば、筆者の望外の喜びとするところです。

2018年　晩秋

著者

　注: 本書には、前著「英文法読本」で示した内容の多くを引用しています。
　　　何故なら、考え方や見方に、全く変化や差異はなく、そのまま使える
　　　部分が多いからです。

「英文法骨子の全貌」早わかり

どの英文も、長短の差はありますが、次の様に Word を組み合わせて作られます。

| Word | Word | Word | Word | Word |

　　　（これは、いわば、言葉の部品=単独部品の積み木細工なのです）

　それぞれの Word は、**言葉の部品**であり、**機能**により、通常の英和辞典では、8 品詞に分類されていますが、動詞の派生語に 4 種類あり、単独部品の形で、12 種類となり、更に、2 種類の複合部品(前置詞と名詞または名詞相当語の組み合わせで作られる**形容詞句**と**副詞句**)が加わって、**総計 14 の品種**が存在します。これらの Word の組み合わせには、「**語順**」と言われる組み合わせルールが適用されます。

　また、一つの完全な英文は、通常、次の **5 つの構成要素**で成り立っています。

| 修飾語 | 主語 | 述語動詞 | 目的語 | 補語 |

これらの機能を充足するルールに従って、英文を構成しなければならないのです。

　更に、色々な表現を可能にする「**語法**」を組み込むことで、意図する内容の英文が出来上がるのです。　語法には、次の様な多彩な表現法があります。

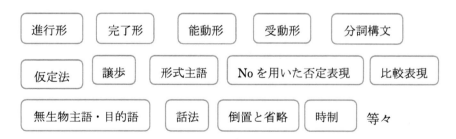

　以上で明白なことは、各 Word には、品詞分類があり、これらを組み上げる語順があり、かつ英文構成要素のルールに従い、更に、色々な語法を組み込むことにより、どの英文も完成となります。　これらを可視化図にすると、後続頁に示す通りです。

「英文法が何故必要なのか」

　初めて出会う英文を解読・判読・読解するには、使われているそれぞれの単語の意味を知るため、英和辞書を使用します。　辞書に記載されている、10万語を超える単語は、通常、従来から、基本的機能により、「八品詞」に分類されています。

　どんなに複雑に見える英文も、本質には、複数の Word の組み合わせで成り立っています。　これらを読み解くには、次の三つの基礎要件を習得することが必要です。

　　1.　　各 Word の「**品詞**」と意味　（辞書を引くことで判ります）

　　2.　　次の英文構成要素は、どうなっているか

　　　「**修飾語**」　「**主語**」　「**述語動詞**」　「**目的語**」　「**補語**」

　　3.　　「**語法**」と呼ばれるものは、何が使われているか

　通常、各英単語は、従来から、基本的機能により、八品詞に分類されていますが、本書では、基本の八品詞に、八品詞の一つである動詞から4種の派生語が生まれ、「**単独部品**」としては12種あり、更には、前置詞と名詞あるいは名詞相当語の組み合わせで、形容詞句と副詞句の二種の「**複合部品**」が作られ、合計「**14 種の品詞**」が、英文構成の部品として存在することを示しています。　一方、これら14種の部品を使って、英文にするには、英文構成要素として、上記の5種の要素に組み上げる必要があります。　そうでないと、英文として成り立ちません。

　更に、これらの作業に加わるのが、「**語法**」です。　語法とは、左に示す様に、多彩な表現を可能にする「言葉遣い」です。

　以上、三つの要件を、矛盾なく、謂わば、三位一体に組み上げるルールが英文法なのです。三つの基本的要素の習得が最も重要なのです。　英文法の仕組みを知ることで、専門知識を必要とする場合を除き、どんな英文も読み解くことが可能なのです。

英文法の全体像の可視化図は、すっきりすると以下の様になります。

いつも、この図を頭に描いて学習すれば、学習過程で、迷うことなく、自己の居場所を確認出来ますし、前進と後退が自由に出来ます。　余りに細かいことを調べていると、自分の現在位置が判らなくなるものです。　諺に言う、「木を見て山を見ず」になると問題です。

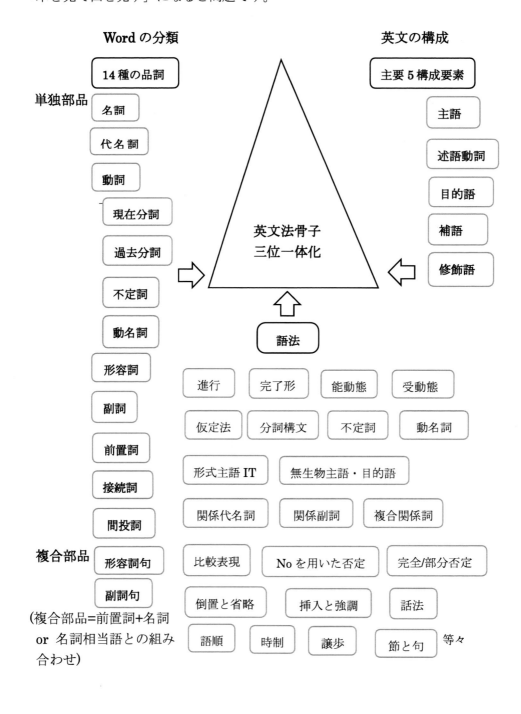

世に出版されている「英和辞典」に載っている英単語はすべて、基本的には、以下に示すように、8種類、すなわち**8品詞**に分類されています。　辞書を引いたら、必ず「**辞書上の表記**」で品詞確認をして下さい。

英和辞典上の単語の分類、8品詞（8 Parts of Speech）

品詞	辞典上の表記	機能
名詞	名、n （noun） 単(sing) 複(pl.)	有形、無形を問わず、物や事柄などの**名称**を表す
代名詞	代、**pro** (pronoun)	名詞の**代**りに用いられる
形容詞 **(冠詞を含む)**	形、**adj** (adjective) (冠) **art**	**形**や**有り様**を表して、名詞及び名詞 相当語を修飾する
副詞	副、**adv** (adverb)	次の品詞に**副**えて修飾する **形容詞、動詞、副詞、** **および文全体**
動詞 **(助動詞を含む)**	動、(verb) **vi** （自) **vt** （他) (助) **aux**	物事の**動**き(状態も含む)をあらわす **自動**詞(目的語を伴わない)と **他動**詞(必ず目的語を伴う) 助動詞と併用する
前置詞	前、**pre** (preposition)	名詞や名詞相当語の**前**に置いて、位置、場所、時間、関係などを表す
接続詞	接、**conj** (conjunction)	**単語**と**単語**、**句**(2個以上の単語の集まったもの)と**句**、**節**(一つの独立した文章となっているもの)と**節**とを**接続**させる
間投詞	間、**inter** (interjection)	驚きなどの感情を表すために文の**間**に **投**げ入れる詞(ことば)

「辞書を引くこと」と重要な注意事項

　　自分の知らない日本語の言葉に出くわした時、その言葉の意味を調べ、理解するのに、**国語辞典**あるいは**漢和辞典**を使用します。　英語の勉強には、**英和辞典**を使って、知らない単語の意味を確かめる作業をします。　この時大切なのは、次のことを意識し、理解することです。

1. まず、調べる単語の**品詞(8品詞)**を理解し、確認することですが、辞書には記載表示のないものがあります。　後述の「八品詞分類とその実態」に示す様に、実は、派生語4種と複合部品2種が加わって、合計14種の品種が存在します。
2. 語形と語尾の変化が、八品詞の中4品詞に起きること。　従って、辞書に該当するものが見当たらないこと。**(不規則変化のものは辞書に表示があります)**

辞書に見当たらない単語（語尾変化の起きる品詞）

　　未知の単語に出会い、辞書で調べている時、その単語に該当する単語が見つからないことが起きます。　それは、単語の語尾に変化が起きているからです。

品詞	語尾変化の発生する原因
名詞	**複数形**になると変化　（+s or +es） 不規則変化の複数形は辞書に明示されています
代名詞	変化なし　（格変化あり）
形容詞	**比較級**(+er)と**最上級**(+st)になると変化 不規則変化のものは辞書に明示されています 規則変化のものは辞書に記載は有りません
副詞	**比較級**と**最上級**になると変化
動詞	主語が三人称単数で動詞が現在形のとき s または es をつける 通常、辞書に不記載のものは、次の派生語類 　動詞の規則変化の過去形及び過去分詞形 　現在分詞化（動詞　+ing） 　動名詞化（動詞　+ing） 　不定詞　（前置詞 to + 動詞の原形）
前置詞	変化なし
接続詞	変化なし
間投詞	変化なし

英語の自学自習のための「Internet」の活用

　辞書類だけを助けとする英語の自学自習では、多少不十分感がぬぐい切れません。「インターネット」という、非常な便利なトゥールがあり、辞書だけでは得られない、驚くほどの多様で多彩な学習情報が与えられます。

　手持ちのパソコンもスマートホーン等の機器がない場合には、次の様な、近くの公共施設のいずれかで、無料で利用可能パソコンがあり、インターネットの活用が可能な筈です。

1.　公共の図書館
2.　市や町の「文化センター」やコミュニティ施設等
3.　学校や大学の、一般人に開放された施設等

　辞書類は、単語の品詞と意味を決定するのに有用なものですが、その他の周辺情報については、役立たないところを、「インターネット」というウエブネットワークが、実に多彩で、多様な情報の提供で充足してくれるのです。

　検索エンジンと言われる、「Google」，「Yahoo」を使って、誠に自由に随時必要とする情報が得られます。　例えば、「英文法」という言葉で、Google 検索すると、後続の頁に示す様な内容が現れます。

　ついでに、英語の八品詞、「名詞」「代名詞」「形容詞」「副詞」「動詞」「現在分詞」「過去分詞」「不定詞」「動名詞」「前置詞」「接続詞」「間投詞」、更に「形容詞句」「副詞句」と検索して見て下さい。　自分でも知らなかった、あるいは気づかなかった、色々な情報を見つけるかも知れませんよ。

　これらの検索で、色々な Home Pages への、いわゆるアクセスが可能となり、変化に富んだ英文事例を用いた品詞の解説に出くわすことになります。　各HP に取り上げられている事例の中には、それぞれ判り易いものもあり、判りにくいものもあります。　各人の語学力レベルに応じて、難易度に差異があり、学習者の適応する様、選択が可能になっています。

　更に、本書の中に引用されている、次の英文諺をフルに入力して、検索を掛けて見れば、驚く勿れ、その意味と解説文が出て来るでしょう。

When the cat's away, the mice will play.
Spare the rod and spoil the child.
A watched pot never boils.
Slow and steady wins the race.
Well begun is half done.
Little and often fills the purse.

　何処かに出かけて、お金を払って、教えて貰わなくても、必要な情報入手が
時間も掛けずに可能なのです。

　インターネットで与えられる学習情報が、実に多大で広範囲なものである
ことを、間違いなく実感されるでしょう。　実際にやってみて下さい。

　こういった Key Word による検索で集約される情報は、各企業や個人が宣伝・
広告を目的として、作成した Home Page 類を集約した部分であるので、その
項目にアクセスすると、フルな情報源に辿り着けます。　その結果、情報の
詳細が得られることになります。

　更にまた、次の様な「相談コーナー」と呼ぶべき、有難い「駆け込み寺」と
言うべき所があるので、利用してみてください。　同じ様な疑問・問題を抱えて、
知識・経験のある人に問い合わせているケースがあり、自分の抱える質問に
そっくり答えている場合もあります。

　　－　**Wikipedia**（百科事典に当たるもの、Wikipedia 財団運営）

　　－　**知恵袋**　（ナレッジコミュニティ、知識検索サービス、Yahoo が運営する）

　　－　**Manavee**(NPO 法人経営の無料英語講座、誠に残念だが、間もなく閉鎖
　　　　とのこと、きっと、別のものが出現するでしょう)

　諺「求めよさらば与えられん」の言うとおり、探せば、道はみつかるものですよ。

　「**英語学習 WEB サイト(無料)**」で検索すると、なんと次の様な、本当に有難い、
色々なサイトが提供されています。

無料の音声素材が豊富 / 総合的な学習コンテンツ

- NHK ゴガク
- べらべら
- スペースアルク

動画の英語学習サイト　(英語レッスン/英語素材)

- Youtube　「English Lesson」
- BBC Learning English
- TED

英単語(ボキャブラリー)がテーマの学習サイト

- iKnow
- 単語力

英語の発音が身に付くサイト

- 英語発音入門

ニュースで学ぶ英語サイト

- The Japan Times ST
- Newshour Extra

文法を無料で学ぶサイト

- 英語喫茶
- リンク

Google で「英文法」で検索すると、次の様な表示が現れます。

英文法大全／英語　文法　表現　用法／英語学習

www.eibunpou.net/

基本領域から実務翻訳まで包括的に解説。メディア総合研究所運営。

準動詞・関係詞・37-1 和文英訳の基本姿勢・助動詞
基礎からの英語学習の目次 英語喫茶～英語・英文法・英会話～
www.englishcafe.jp/english3rd/englishindex.html
基礎からの英語学習の目次です。84 回のレッスンで**英文法**をマスター。英語喫茶の
内容は、大学の多数の先生方の協力により細部までチェックを入れて作成しております。
Day61－使役動詞・Day13 who の疑問文・Day14 whose と which の疑問文・
Day16英語喫茶～英語・英文法・英会話～
www.englishcafe.jp/
84 回のレッスンで**英文法**をマスター。オリジナルストーリーで英会話表現。時制と相、
法助動詞。小学校英語講座の紹介。景勝地等の自然スポットの掲載。英語喫茶の内容
は、大学の多数の先生方の協力により細部までチェックを入れて作成しております。
Amazon.co.jp 売れ筋ランキング: 英文法・語法 の中で最も人気のある商品 ...
https://www.amazon.co.jp/gp/bestsellers/books/503682
Amazon.co.jp 売れ筋ランキング: **英文法**・語法 の中で最も人気のある商品です.
英語の文法｜英文法の基礎はたった 1 つしかない - マイスキ英語
mysuki.jp/grammer-basis-154
2015/01/14 - 日本人が英語を習得するのに**英文法**の基礎は欠かせない要素です。
その基礎のご紹介と、その後にも必要な**英文法**が何なのかも同時にお教えします。
文法書はもういらない？英文法はネットで無料で学べます - NAVER まとめ
matome.naver.jp/odai/2134719837891100301
2016/04/16 - しっかりと文法を理解したい人には日本のサイト、英語で**英文法**を
学びたい人は海外サイト。豊富にあるので、文法書はほぼいりません。まだまだ追加
予定。
英文法の泉～高校英語文法 基礎からの勉強法
www.e-bunpou.net/
高校英語、英検 2 級レベルまでの**英語文法**を豊富な例文で分かりやすく解説。
必要に応じ、英作文などでの間違った使い方、正しい英文の書き方や英単語の
使い方も記載しています。大学受験や資格・試験対策のためにご活用下さい。

参考書より分かりやすい英文法解説
e-grammar.info/
中学、高校で勉強した**英文法**の学習を通して毎日英語に触れられる無料メルマガ
【誰でもできる！毎日 5 分**英文法**】の参考書より分かりやすい**英文法**解説と基礎
問題集をまとめたお勧めサイトです。英会話、TOEIC、英検に役立ちます。

ちょいデブ親父の英文法
choidebu.com/

わかりやすい**英文法**の解説。大学受験レベルまで対応し、分野別インデックスと
検索機能で一発発見。小学生、中学生、高校生、大学生、社会人のすべての方
が対象の英語学習サイト。
英語の文法の勉強法に悩む人へ！初心者が最優先すべき５つのこと ...
eigo-box.jp/grammar/how-to-study-english-grammar/
2015/11/13 -「何でそうなるのかわからない......」英語の文法を勉強中の人には、
こんな人が多いのではないだろうか？今回は、**英文法**の勉強で「初心者が最優先
すべき５つのこと」についてお伝えしよう。**英文法**を脳に焼き付けるための下準備
となる話だ。

　　正しい英作文ライティング習得 - ネイティブも納得の英語が書ける
広告 www.fruitfulenglish.com/
正しい英語力を習得するヒントを掲載中
- 　初めての方へ
- 　無料の英語問題800問
- 　英語の悩みを解消する
- 　コースとご利用料金
- 　お客様の声

英文法に関連する検索キーワード
一億人の英文法
英文法 参考書
ロイヤル英文法
英文法 基礎
英文法 勉強法
英文法 問題集
くもんの中学英文法
英文法解説
英文法のナビゲーター
for best 英文法

　　我々、日本人が日常用いる、日本語の辞書・辞典に記載の言葉には、
通常その言葉の働き・機能を示す「品詞」の表示はありません。
英語の辞書・辞典には、記載の単語それぞれについて、通常、「八品詞」
と呼ばれる分類がなされており、その表示が示されています。

　　八品詞とは、元の英語は、Eight Parts of Speech で、文字通り
訳せば、「言葉の八つの部品」となりましょう。　日本に英語が導入

21

された当初、どなたが訳されたのか不明ですが、「品詞」という言葉を
当てられたのでした。　多分、品定めとなる、詞という意味合いだった
かと思います。

　「言葉の部品」とならなかったので、多少判りづらいところもあるか
と思いますが、部品という言葉のイメージからすると、部品が、何個も
組み上がって、一つのシステム(組織)の英文が出来上がるということに
なるのです。

　基本的には、八種の部品、即ち「八品詞」が存在するのですが、
実情は、動詞に四つの派生語があります。　辞書は、この基本をベースに、
古くから作られていますが、実情は、相当違っているので、次頁から、
その詳細を見て行きたいと思います。

八品詞分類とその実態

　一般に**伝統文法**あるいは**学校文法**と呼ばれているものは、ギリシャ・ラテン語文法に基づく、八品詞を中心にする文法ですが、最近は、これ以外の**生成文法**とか、**構造文法**とか、**コーパス(CORPUS)**とかの別メニューのものが注目されているようですが、英語を母語としない人々が未知の英文を解読するための基本の手段は、あくまで伝統文法であることは間違いありません。

　英語の言語環境で生まれ、育った人々は、ある程度の年齢に達するまでに、言葉のデータベースが脳細胞の中に自然に構築されるので、英文法がどうのこうのとの意識がなくても、読み、書き、しゃべれます。　でも何の基礎工事のない者には、これら三つの作業を実行するには、英文法は絶対必要な道具なのです。八品詞を組み合わせて、英文を作るルール、すなわち英文法の習得は必須の事項なのです。

　一方、世に出版されている「英和辞典」に載っている英単語はすべて、基本的には、8種類、すなわち**8品詞(8 Parts of Speech)**に分類されています。

　見返しの次のところの見開きで、従来から知られている「八品詞展開の全貌」を示していますが、実は、八品詞の一つ、動詞には、次の四個の派生語があります。これらは、すべて、不定詞以外は**単独部品**です。不定詞は、前置詞 To を付加したもの故、明らかに単独部品ではないのですが、便宜上、単独部品扱いにしています、すなわち、八品詞の一種としての扱いとします。

単独部品（四種類の動詞の派生語）

現在分詞	過去分詞	不定詞	動名詞

更に、前置詞と名詞、代名詞、名詞相当語（動名詞と動名詞句）とを組み合わせて作られる、次の複合部品と呼ぶべきものがあります。

複合部品（二種類の句）

形容詞句	副詞句

以上のことを、整理すると、以下の様に、14種の「言葉の部品」が存在することになります。

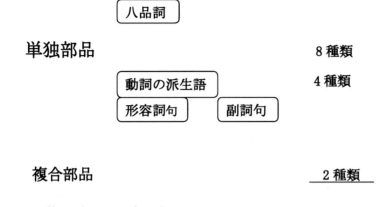

以上のことから、単独部品及び複合部品を合わせて、総計14種の言葉の部品（14 parts of speech）を用いて、一個一個の英文は、組み上げられるのです。英文に組み上げるには、次の5種の文構成要素の要件を満たさなければ、英文は成立しないのです。

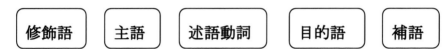

英語の辞書・辞典だけを頼りに、自学自習するのに、何が欠けているかを明確にする必要があります。　英文法の知識が増大すれば、問題はないのですが、辞書・辞典では、確かめられない情報が存在します。

　　　　　次の品詞は、通常、辞書上に何らの記載もありません。

現在分詞　規則変化の過去分詞　動名詞　不定詞　形容詞句　副詞句

何故なら、もしこれらすべてを記載すると、とんでもないスペースの無駄遣いになるからです。　辞書に記載のないものは、辞書だけをたよりの自学自習者には、英文法の知識がないと、作業は前に進まないのです。　傍に英語の教師がいれば、即座に解決する問題です。

本書は、特徴として掲げていますが、英語を自学自習するのに、辞書・辞典だけを拠り所とすることを強調しています。　その為には、八品詞理論に拘ることなく、単独部品と複合部品の二種類を合わせて、総計14種の「言葉の部品」

の考え方を採用する方が、英語学習者達には、英語習得が容易であると考えています。次頁以降に、動詞の派生語と複合部品の詳細を説明します。

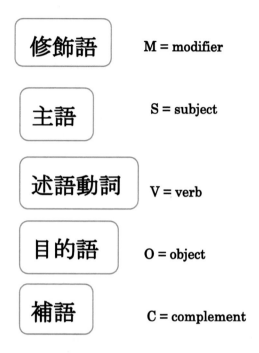

　「八品詞」という分類は、言葉の部品としての、八つの部品分類であるとを学びましたが、実情は、動詞に四種の派生語があり、また、単独部品でなくて、複合部品の二種が加わって、合計 14 種の部品が実在することを知りました。

　これらは、あくまで部品であって、英文として組み上げるには、上記の5つの機能的構成要素に適合する形にしなければ、英文としては成立しません。これらの機能的構成要素の要件を、細かく調べてみましょう。

　この項目は、後続頁で取り上げる「**英文基本文型と動詞をベースの語順**」で詳しく説明します。　5種の基本文型として、**SV, SVC, SVO, SVOO, SVOC** の形で示されていますので、その項目を参照して下さい。　修飾語(Modifier)は、主語、目的語、補語、それぞれに係る修飾に用いられるもので、文の根幹にはならないものなので、この項目では、対象外とされていること、留意しましょう。

| 主語
(Subject) | ˉ 文字通り、文の柱となる語で、その資格となる
のは、名詞及び名詞相当語です。 |

| 述語動詞
(Predicative Verb) | ˉ 主語の状態・有様と動きを表す動詞です。
目的語のないもの、目的語を、更には、
目的語か補語を必要とするものがあります。 |

| 目的語
(Object) | ˉ 他動詞の場合、必ず目的語を伴います。
目的語とは、他動詞の働きを受ける言葉です。 |

| 補語
(Complement) | ˉ 目的語でなくて、補語を必要とする動詞が
あります。補語とは、補いの言葉です。 |

| 修飾語
(Modifier) | ˉ 以下の様に、主語、目的語、補語の修飾をする
修飾語と動詞と副詞、あるいは文全体の修飾を
する修飾語 |

ー名詞と名詞相当語を修飾する形容詞
ー形容詞を修飾する副詞、
ー動詞を修飾する副詞、
ー副詞を修飾する副詞
ー文全体を修飾する単語

　　上記の英文構成要素の必須のもの(主語、述語動詞ですが、他動詞の場合目的語)
が備わってなければ、英文は成立しないのです。　日本語では、多少曖昧なところ
があって、成立するケースはありますが、英語の言語構造では許されないのです。
部品として用いる英単語を、上記の構成要素に組み上げるには、資格のある部品
即ち「適格部品」にすることが必要なのです。　後続の頁に、ことわざ・格言実例
と構成要素となる「**適格品詞**」を一覧表にして、提示していますので、完全に理解し、
習得してください。　英文理解の基礎となる重要学習項目の一つなのです。

「例外のない法則はない」と言われる通りで、英文の場合も、全くその通りです。次の事例が、このことを証明しています。

    Slow and steady wins the race.　→　二つの形容詞 ＝ 主語
    (ゆっくりと着実がレースに勝つ)
    Little and often fills the purse.　→　二つの副詞 ＝ 主語
    (少しとしばしばは財布を満たす)－塵も積もれば山となる
    Well begun is half done.　　　　→　副詞 ＋ 過去分詞 ＝ 主語
    (滑り出し好調なら、事は半ば成就)－始め半分

　英文構成5要素の適格品詞が何であるかを、明確に記憶することは、大切です。出来れば、実例のことわざで記憶することをお勧めします。

　次頁に、「英文法骨子の全貌」の可視化図を掲げます。　読者の中には、えっ何も判っていないのに、全貌の可視化図なんて、と思われる方が多いかと思いますが、山が連なった所へ入っていくのには、自分が目的とする山の配置がどうなっているかを知っていると、山中で道に迷った時、自分の現在位置の確認が容易になるからです。品詞、言葉の部品に14種あることを学びました。　これらの部品を文構成要素として組み上げることが必要なのですが、何と一緒に、どんな風に、組み上げるかの仕組みを示すのが大切なのです。　5つの構成要素になる資格のある、即ち適格品詞の形で構成が必須なのです。　その次に、どの英文も、必要な限り、もう一つ、「**語法**」という要素を組入れることで、完成するのです。　語法には、次の様な、多彩で多様な表現法が存在します。

　「現在進行形、現在完了形、能動態、受動態、仮定法、分詞構文、不定詞と
　不定詞句、動名詞と動名詞句、形式主語、無生物主語・目的語、関係代名詞、
　関係副詞、複合関係詞、比較の用法、**NO**を用いた否定表現、完全否定/部分
　否定、倒置と省略、挿入と強調、直接/間接話法、語順、時制、節と句等々」

　くどいかも知れませんが、次の三つの重要な要素が、矛盾なく、絡み合って、それぞれの英文が組み上がることを理解し、把握して下さい。

構成部品の WORDS	⇒	英文構成要素
	↑	
	語法	

もう一度、少し形を変えた可視図を示しましょう。

「英文法骨子の全貌」可視化図

　下図は、言葉の部品としての**品詞**、英文の構成に必要な**構成要素**、多彩な表現を可能にする**語法**の相関性を、判り易く可視化し、英文法骨子の全体像を示します。　英文法とは、これら三大要素を組み上げるルールなのです。

八品詞+派生語+句	英文構成要素

言葉の部品(パーツ)、14 種　　　　　　　↓　　　　(適格品詞)

名詞
代名詞
形容詞
形容詞句
副詞
副詞句
動詞
現在分詞
過去分詞
動名詞
不定詞
前置詞
接続詞
間投詞

骨組み構成

主語	名詞、代名詞 不定詞句、動名詞句、 名詞節
述語動詞	動詞(含助動詞)
目的語	名詞、代名詞 不定詞句、動名詞句、 名詞句・節
補語	名詞、代名詞 形容詞、不定詞句、 動名詞句、名詞節
修飾語	形容詞、副詞 形容詞句、副詞句 副詞節

（三位一体化）

(句 = 前置詞+名詞 or 名詞相当語)

八品詞と派生語:　　単体部品

形容詞句や副詞句: 複合部品

組入れ

語法選択	進行形、完了形、能動態、受動態、仮定法、分詞構文、不定詞、動名詞 形式主語 IT、無生物主語・目的語、 関係代名詞、関係副詞、複合関係詞 比較の用法、NO を用いた否定表現 完全/部分否定、倒置と省略、挿入と強調、話法、語順、時制、譲歩、節と句、

語法(Wording)とは、「言葉使い」のことで、色々な表現形態を可能にするものです。

次の様な、様々な「ことわざ」例文を、辞書を頼りに訳すことにしましょう。
ボールドにした単語の品詞を辞書で確かめてみましょう。

単独部品（八品詞基本）

1. 副詞
   Too many cooks spoil the broth.
   　　　　料理人が多過ぎるとスープは駄目になる（諺）

2. 形容詞(含冠詞)
   An **empty** sack cannot stand upright.
   　　　　　- 空の袋は真っ直ぐ立てない（諺）

3. 名詞
   A bad **carpenter** quarrels with his **tools**.
   　　　　- 腕の悪い大工は自分の道具喧嘩する（諺）

   代名詞
   He sees no farther than **his** nose.
   　　　　　- 彼には鼻より先は見えない（諺）

5. 動詞(含助動詞)
   You **cannot make** a crab **walk** straight.
   　　　　- 蟹を縦に歩かすことは出来ない（諺）

6. 現在分詞
   A **barking** dog never bites.
   　　　　　- 吠える犬は噛まない（諺）

7. 過去分詞
   No one **has seen** tomorrow.
   　　　　- いまだかって誰も明日を見たことはない（諺）

8. 動名詞
   Seeing is **believing**.
   　　- 見ることは信じること(百聞は一見に如かず)（諺）

9. 不定詞
   To know nothing is the happiest life.
   　　　　- 何も知らないことが最も幸せな生活だ（諺）

10. 前置詞
    A friend **in** need is a friend indeed.
    　　　　　- まさかの時の友は真の友（諺）

11. 接続詞
    Spare the rod **and** spoil the child.
    　　　　- ムチを惜しんで、子供を駄目にする（諺）

12. 間投詞
    Well, it can't be helped!
    　　　　　- ままよ、もう仕方がない

複合部品(前置詞と名詞 or 名詞相当語の組み合わせ部品)

13. 形容詞句
    A bird **in the hand** is worth two **in the bush**.
    　　　　- 手中の一羽は、藪の二羽に値する（諺）

14. 副詞句
    All good things come **to an end**.
    　　　　- どんなよいことにも終わりがある（諺）

複合部品

前述の単独部品に加えて、前置詞と名詞、代名詞、動名詞等名詞相当語と
を組み合わせてつくられる、複合部品は、**形容詞句**と**副詞句**の二種類を生み
出し、**形容詞相当語及び副詞相当語**となります。　実に、巧妙な仕組みです。
自由自在にルールに従えば、誠に巧みに相当語が創出されます。　ある程度、
一定の成句(Set Phrase)は、辞書に記載されています。

辞書に記載のない、動詞の派生語、不定詞、動名詞、さらに、複合部品が、
多種多様な代替機能の相当語を作り出すのです。　これらのことを知らないと、
辞書だけによる、自学自習は困難です。

> ### 形容詞句

名詞 ＜ 前置詞+名詞 ＞

A cold often leads to all kinds **of disease**.　　　　　・風邪は万病のもと(諺)
A friend **in need** is a friend indeed.　　　・困ったときの友は、真の友(諺)
A man **of courage** is never in need **of weapons**.
　　　　　　　　　　　　・勇気の人はけっして武器を必要としない(諺)
Bread is the staff **of life**.　　　　　　　　　・パンは命の糧である(諺)

名詞 ＜ 前置詞+形容詞+名詞 ＞

A bird **in the hand** is worth two **in the bush**.
　　　　　　　　　　　　・手中の一羽は、薮の二羽に値する(諺)
Birds **of a feather** flock together.
　　　　　　　　　　・同じ羽の鳥は群れをなす(類は友を呼ぶ)(諺)
The worth **of the best** becomes the worst.
　　　　　　　　　　　・最善のものが腐敗すると最悪になる(諺)
The worth **of a thing** is what it will bring.
　　　　　　　　　　・物の価値はそれが何をもたらすかだ(諺)

名詞 ＜ 前置詞+動名詞 ＞

Melancholy is the pleasure **of being sad**.
　　　　　　　　　・メランコリーとは、悲しい状態の喜びである(諺)

Yielding is sometimes the best way **of succeeding**.
- 譲歩も時には成功の最良法である(負けるが勝ち)(諺)

An old dog does not alter his way **of barking**.
- 年老いた犬は、自分の吠え方を変えない(諺)

叙述用法の形容詞句

形容詞句には、次の様に、叙述用法の形で使われることもあります。

Bashfulness is **of no use** to the needy.
- はにかみは困窮者には無用なもの(諺)

When remedies are needed, sighing is **of no avail**.
- 救済が必要とされる時、溜息をつくのは何の役にも立たない(諺)

The absent are always **in the wrong**. - その場にいないものはいつも悪者(諺)

There is nothing so bad but may be **of some use**.
- 何も役に立たない様な、悪いものはない(諺)

副詞句

< 前置詞 + 形容詞 + 名詞 >

An oak is not felled **at one stroke**. - 樫の木は一撃では切り倒されない（諺）

All good things come **to an end**. - どんなよいことにも終わりがある(諺)

A growing youth has a wolf **in his belly**.
- 伸び盛りの若者の胃には狼がいる(諺)

< 前置詞 ＋ 名詞 >

Beauty and folly go often **in company**. -美貌と愚行はしばしばあい伴う(諺)

Habits are **at first** cobwebs and **at last** cables.
- 習慣は最初はクモの巣であるがついにはケーブルとなる(諺)

Marry **in haste**, and repent **at leisure**. - 急いで結婚し、後で後悔しろ(諺)

< 前置詞 + 動名詞 or 動名詞句 >

Everything is the worse **for wearing**. - すべてのものは着用すればいたむ(諺)

Nature is conquered **by obeying her**.
- 自然は、それに服従することで征服する(諺)

There is no living in love **without suffering**.
- 悩みなしに恋に生きることは出来ない(諺)

「**単独部品**」と単独部品を複数個組み合わせた「**複合部品**」にどんな事例があるかを見て来ました。

これらの部品を巧みに見合わせて、一つの英文を作るのですが、それには、英文構成要素になる、次の五つの要件に適合するものにしなければなりません。

「修飾語」　「主語」　「述語動詞」　「目的語」　「補語」

五つの要素の要件を満たす品詞は、実に多彩で多様です。　次の頁以降に色々な実例の全容を示します。　示された具体例を、しっかり学習して、要素をマスターして下さい。

巻末一覧リストにも「英文構成要素」と「構成要素の適格品詞」の事例を掲げていますので、常に参照するよう心掛けて下さい。

では、次に、**英文構成 5 要素**の詳細を見ることにしましょう。
右側に示す「ことわざ」実例で確認しながら、学習して下さい。

修飾語

冠詞 (不定冠詞と定冠詞)

形容詞

現在分詞

過去分詞

不定詞

動名詞

所有格

形容詞句 (前置詞と名詞相当語
で作る句)

形容詞節

副詞 (形容詞、副詞、動詞を
修飾する)

副詞句 (形容詞、副詞、動詞を
修飾する

副詞節

主語

名詞

代名詞

動名詞

不定詞

The + 形容詞 or 過去分詞

名詞節(含引用文)

名詞相当語以外の単語及び

33

左の頁に示す、5要素に求められ「適格品詞要件」を、下記の実例文で
確かめながら、それぞれの用法を習得して下さい。

A heavy purse makes **a light heart**. 　　　　　　　－財布が重いと心は軽い(諺)

Let **sleeping** dog lie. 　　　　　　　　　－　眠っている犬はそのままにして置け(諺)

What you are **doing** do thoroughly. －やっている最中のことは徹底的にやれ(諺)

A **watched** pan never boils. 　　　　　　　－見つめられた鍋は煮立たない(諺)

The used key is always bright. 　　　　　－使っている鍵はいつも輝いている(諺)

The devil finds work for idle hands **to do**.

　　　　　　　　　　　　　　　　　－悪魔は暇な人間に仕事をくれる(諺)

An adviser may give you a **helping** hand to the poorhouse

　－　アドバイザーが貴方に養育院への援助の手を差し出すかも知れない(諺)

Sleep is the **poor man's** treasure. 　　　　－　睡眠は貧者の宝なり(諺)

Birds **of a feather** flock together. 　　　　　－　同じ羽の鳥は群れをなす(諺)

He laughs best **who laughs last**. 　　　　　－　最後に笑う人が最もよく笑う(諺)

Too many cooks spoil the broth.

　　　　　　　　　　　　　　－料理人が多すぎるとスープが駄目になる(諺)

To know **truly** is to know by causes. 　　　－真に知るとは、原因でしること(諺)

Friends agree **at a distance**. 　　　　　－　友達は離れている時が一番仲がいい(諺)

Make hay **while the sun shines**. 　　　　　－日の照っている間に草を乾せ(諺)

Books and friends should be few but good.

　　　　　　　　　　－　本と友達は数少なくて、いいものでなければならない(諺)

You never miss the water till the well runs dry.

　　　　　　　　　　　　　　－　井戸が乾くまで水の有難さはわからない(諺)

Constant **dropping** wears away the stone.

　　　　　　　　　　　　　－　絶えず滴り落ちる水は石をも穿ちさる(諺)

To say and **to do** are two things. 　　　　　－言う事とする事は別のこと(諺)

The weak may stand **the strong** in stead.

　　　　　　　　　　　　　－弱者が強者の代わりをすることがある(諺)

What everybody says must be true. 　　　－　誰もがいう事は真実に違いない(諺)

Slow and steady wins the race. 　　　　－　ゆっくり着実にがレースに勝つ(諺)

述語動詞 （基本文型の項を参照してください）

BE 動詞 － HAVE 動詞 － DO 動詞

目的語

名詞

代名詞

動名詞

不定詞

The+形容詞

名詞節

補語

名詞句

疑問節

名詞

代名詞

形容詞

形容詞句

動名詞

現在分詞

過去分詞

不定詞

副詞

副詞句

名詞節

－自動詞 － 完全自動詞(補語不要) － 不完全自動詞(補語必要)
－他動詞 － 完全他動詞(目的語必要) － 不完全他動詞(目的語＋補語必要)
－授与動詞(直接目的語と間接目的語必要)

Women will have their **will**.　　－女達は、自分の意思を通そうとするもの(諺)

If **you** want a thing well done, do it yourself.
　　　　　　　　－　もし事をうまくして貰いたいならば、自分自身でやれ(諺)

Love needs no **teaching**.　　　　　－　恋に手ほどきの必要なし（諺)

Learn **to walk** before you run.　　　－　走る前に歩くことを学べ(諺)

Fortune favors **the cheerful**.　　　－　幸運は、朗らかな人々に味方する(諺)

You never know **what you can do till you try**.
　　　　　　　－　自分でやるまでは、何がやれるかわからない(諺)

Don't go near the water until you learn **how to swim**.
　　　　　　　　－　泳ぎ方を学ぶまでは、水に近づくな(諺)

Misfortunes tell us **what fortune is**.
　　　　　　　－　不運は、幸運がなにであるかを教えてくれる(諺)

To have nothing is not **poverty**. －　何も所有しないことは、貧困ではない(諺)

What is **mine** is **yours** and what is yours is mine.
　　　　　　－　僕のものは君のもの、君のものは僕のもの(諺)

A bad excuse is **better** than none.　　－　下手な言い訳でもないよりはまし(諺)

Bashfulness is **of no use** to the needy. －はにかみは困窮者には無用なもの(諺)

Seeing is **believing**.　　　－　見ることは信じること(百聞は一見に如かず)(諺)

While two dogs are **fighting** for a bone, a third runs away with it.
　　－　二匹の犬が骨を争っている最中に、別の犬が骨を持って逃げる(諺)

A disease known is half **cured**.　　　－　病気が判れば、半分治ったも同然(諺)

To excuse is **to accuse**.　　　－　言い訳するのは自分を責めることである(諺)

When the cat is **away**, the mice will play. －　猫がいない時、ネズミは遊ぶ(諺)

Don't hallow till you are **out of the wood**.　－　森を出るまで快哉を叫ぶな(諺)

Life is **what you make**.　　　　　　－　人生は自分が作るもの(諺)

英文構成要素（主語、述語動詞、目的語、補語、修飾語）

下記の例文により、英文構成要素と八品詞との相関関係を習得してください。

	「諺」例文 （完全に記憶して、語順をマスターしてください）	
主語	*Truth* is stranger than fiction.	‐ 事実は小説より奇なり(諺)
	It is ill striving against the stream.	‐ 流れに逆らうのはよくない(諺)
	Doing is better than saying.	‐ 実行することは、発言するよりいい(諺)
	To err is human, to forgive, divine.	‐ 過つは人、許すは神(諺)
	The absent are always in the wrong.	・不在者はいつも悪者扱い(諺)
	What is done cannot be undone.	・一度したことは取り返しがつかない・覆水盆に返らず(諺)
	Slow but sure wins the race.	・ゆっくり確実で、レースに勝つ(諺)
述語動詞	There *is no garden without weeds*..	‐ 雑草のない庭はない(諺)
	A growing youth *has* a wolf in his belly.	‐ 育ち盛りの若者の胃には狼がいる(諺)
	A rolling stone *gathers* no moss.	. 転石苔を生せず（諺)
目的語	None *knows* the weight of another's burden.	・何人も他人の荷物の重さを知らない(諺)
	Scratch my back and I will scratch *yours*.	‐ 私の背中を掻いてくれ、君の背中を掻いてあげるよ (諺)
	A good beginning makes a good *ending*.	・始め良ければ、終わりよし(諺)
	Learn *to walk* before you (can) run.	・走る前に歩くことを学べ(諺)
	Fortune favours *the bold* (the brave).	・幸運は勇者に味方する (諺)
	Never tell your enemy *that your foot aches*.	・足が痛いなどと敵にはいうな(諺)
	Don`t go near the water until you learn *how to swim*.	・泳ぎ方を学ぶまで水に近づくな(諺)
	Practice *what you preach*.	・自分の説くことを実践しなさい(諺)
補語	Saying is *one thing* and doing is another.	・言うことと行うことは別のもの(諺)
	Another man`s poison is not necessarily *yours*.	・ 別人の毒が必ずしも君の毒とは限らない(諺)
	Custom makes all things *easy*.	・慣れれば万事容易になる(習うより慣れろ)(諺)
	Losers are always *in the wrong*.	・敗者はいつも悪いとされる(諺)
	Seeing is *believing*.	‐ 見ることは信じること(百聞は一見に如かず)(諺)
	Do not cut the bough that you are *standing* on.	・自分が立っている枝は切るな(諺)
	Leave no stones *unturned* .	・どの石もひっくり返してみよ・あらゆる手段を尽くせ(諺)
	To do nothing is *to do ill*.	・何もしないことは、悪を為すことである(諺)
	It`s not *over* till it`s over.	・終わりまでは終りではない(諺)
	If you don't like the heat, get *out of the kitchen*.	‐熱が嫌なら、台所から出ていけ(諺)
	Things are seldom *what they seem*.	・見かけ通りのものはめったにない(諺)
修飾語	*Still* waters run deep.	・静かな水は流れが深い・能ある鷹爪隠す(諺)
	Birds *of a feather* flock together.	‐同じ羽の鳥は一緒に集まる・類は友を呼ぶ(諺)
	Happily, he found the way out.	・ 運よく出口が見つかった
	Hurrying gets you *nowhere*.	・慌ててはちっとも進まない・慌てる乞食は貰いが少ない(諺)
	A dog which barks much is never good *at hunting*.	・よく吠える犬は狩りは下手(諺)
	One is never too old *to learn*.	・学ぶのに年齢はない・六十の手習い(諺)
	Take things *as they come*.	・物事はあるがままに受け取れ(諺)
	Where there is whispering there is lying.	・囁きのあるところに嘘つきがある(諺)

構成要素の適格品詞

左の頁の「諺」例文を暗記することで、適格品詞を習得してください。

英文構成要素	機能説明	適格品詞、句、及び節
主語 (subject)	文の柱になる語、句、節	名詞 代名詞 動名詞 不定詞 The+形容詞相当語 名詞節(含引用文) 名詞相当語以外の品詞の句
述語動詞 (predicative)	主語の状態または動作を表す語句	Be 動詞 Have 動詞 Do 動詞
目的語 (object)	他動詞の目的または前置詞の目的となる語、句、節	名詞 代名詞 動名詞 不定詞 The+形容詞相当語 名詞節 名詞句 疑問詞節
補語 (complement)	不完全なものを補う語、句、節で、主語についての叙述を完全にする主格補語と目的語についての叙述を完全にする目的格補語の二種類	名詞 代名詞 形容詞 形容詞句 動名詞 現在分詞 過去分詞 不定詞 副詞 副詞句 名詞節
修飾語 (modifier)	名詞、動名詞を修飾する語、句、節、 および 動詞、副詞、文を修飾する語、句、節	形容詞 形容詞句 副詞 副詞 副詞句 副詞句 副詞節 副詞節

5個の英文構成要素の概要について、学びました。　　修飾語(Modifier)で括られる品詞は以下の通りです。

| 不定冠詞 | 定冠詞 | 形容詞 |

| 名詞 |

| 現在分詞 | 過去分詞 | 不定詞 | 動名詞 |

| 所有格 |

| 形容詞句 |

| 形容詞句 |

| 副詞 |

| 副詞句 |

| 副詞節 |

　色々な形で、主語、述語動詞、目的語、補語の修飾に使用されるものですが、文の根幹にはならないので、通常、この後で学ぶ「英文基本文型」の要素からは外されています。では、次に「修飾語」(Modifier)で括られるものの基本的な語順を学びましょう。

語順の基本

　英文構成要素の一つとして「**修飾語**」の名の下に括った品詞類や相当語は、様々な形態を取ります。　ここで、一度整理して置きましょう。　多様な事例を示しますので、語順、すなわち、修飾語の置かれる位置に注意して、習得してください。

A **little** leak will sink a great shi　　　- 小さな漏れが大きな船を沈める(諺)
A **willful** man will have his own way.
　　　　　　　　　　　- 我儘な人は自分の言い分を通すものだ(諺)
A **bad** excuse is better than none.　　- 悪い言い訳もないよりはいい(諺)
A **heavy** purse makes a **light** heart.　- 財布が重いと心は軽い(諺)
A **hungry** man is an **angry** man.　　- 空腹人間は怒りっぽい(諺)

It is a **very interesting story**.　　それは、非常に面白い話だ。
He is **a very celebrated novelist**.　彼は非常に有名な小説家である。

形容詞相当語には、名詞、現在分詞、過去分詞、形容詞句があります。

冠詞（不定・定） + 形容詞相当語 + 名詞（単数形）

For age and want, save while you may: No **morning** sun lasts a whole
　day.　　　　　　　　　- 出来る時に老齢と欠乏の日のために貯えをなせ、
　　　　　　　　　　　　　　朝の太陽は一日中照り続けはしない(諺)
Women are as fickle as **April** weather.
　　　　　　　　　　　- 女性達は４月の天気のようにきまぐれだ(諺)
A **drowning** man will catch at a straw.　- 溺れる者はわらをもつかむ(諺)
A **growing** youth has a wolf in his belly.
　　　　　　　　　　　- 伸び盛りの若者の胃には狼がいる(諺)
A **rising** tide lifts all boats.　　　- 上げ潮は船をみな持ち上げる(諺)
A **creaking** gate hangs longest.　　- きしむ門は長持ちする(諺)
A **rolling** stone gathers no moss.　　- 転石、苔を生ぜず(諺)
A **contented** mind is a perpetual feast.
　　　　　　　　　　- 満足は永遠のご馳走である(足るを知るものは富む)(諺)

A forced kindness deserves no thanks.

- 強いられた親切は感謝に値しない(諺)

Beauty is a **fading** flower. - 容色は移ろう花である(諺)

Bees touch no **fading** flowers. - 蜜蜂はしおれる花には触れない(諺)

Let **sleeping** dogs lie. - 眠っている犬はそのままにして置け(諺)

Rats desert a **sinking** ship. - ネズミは沈む船を見捨てる(諺)

Water is boon in the desert, but the **drowning** man curse it.

- 水は砂漠では恵みだが、溺れる者は水を呪う(諺)

A **burnt** child dreads the fire. - 火傷した子供は火を恐れる(諺)

A **forced** kindness deserves no thanks.

- 強いられた親切は感謝に値しない(諺)

A **watched** pan never boils. - 見つめる鍋は煮立たない(諺)

Forbidden fruit is sweetest. - 禁断の果実は最高に甘い(諺)

Straight trees have **crooked** roots - 真っすぐな木は曲がった根を持つ(諺)

The **rotten** apple injures its neighbors.

- 腐ったリンゴはまわりのものを害する(諺)

The **used** key is always bright. - 使っている鍵はいつも光っている(諺)

The squeaking wheel gets the grease (or oil).

- きしむ車輪は油をさしてもらえる(諺)

The tongue ever turns to **the aching tooth**.

- 舌はつねに痛む歯のところへ行く(人は心配ごとを口にするもの)(諺)

$$\boxed{副詞アリorナシ} + \boxed{形容詞 \ or \ 相当} + \boxed{名詞 (複数形)or \ 相当語}$$

Too many cooks spoil the broth.

- 料理人が多いと、スープが駄目になる (船頭多くして船山に上がる)(諺)

Too much praise is a burden.

- 過度の賞賛は重荷になる (ほめられる身の持ちにくさ)(諺)

One volunteer is worth **two pressed men**.

- 一人の志願兵は二人の徴用兵に匹敵する(諺)

Threatened men (or folks) live long.

- 死に脅かされている人々は長生きする(諺)

Coming events cast their shadows before.

- 近づく出来ごとは事前にその影を投げる(諺)

Barking dogs seldom bite. - 吠える犬はめったに噛まない(諺)

$$\boxed{定冠詞ナシ or アリ} + \boxed{名詞} + \boxed{形容詞句}$$

A bird **in the hand** is worth two **in the bush**.

- 手中の一羽は、薮の二羽に値する(諺)

A friend **in need** is a friend indeed. ・困ったときの友は、真の友(諺)

Beauty is in the eye **of the beholder**. ・美は見る人の目の中にある(諺)

Birds **of a feather** flock together.
・同じ羽の鳥は群れをなす(類は友を呼ぶ)(諺)

Company **in distress** makes sorrow light.
・逆境の時の仲間は悲しみを和らげる(諺)

Corruption **of the best** becomes the worst.
・最善のものが腐敗すると最悪になる(諺)

The worth **of a thing** is what it will bring.
・物の価値はそれが何をもたらすかだ(諺)

A man **of courage** is never in need of weapons.
・勇気の人はけっして武器を必要としない(諺)

Bread is the staff **of life**. ・パンは命の糧である(諺)

A thing **of beauty** is a joy for ever. ・美しきものは永遠の喜び(諺)

A disease **known** is half cured.
・病気がわかれば半ば治療されたに等しい(諺)

A cup **concealed in the dress** is rarely honestly carried.
・ドレスに隠されたコップはめったにまともには運ばれない(諺)

A fault **confessed** is half redressed. ・過失も告白されると半ばの償い(諺)

A horse **deprived of his food** won`t work.
・食料を奪われた馬は働かない(諺)

A house **filled with guests** is eaten up.
・客でいっぱいの家は食いつくされる(諺)

A penny **saved** is a penny **earned** (or gained).
・節約した1ペニーは1ペニーの稼ぎ(諺)

A trouble **shared** is a trouble **halved**.
・苦労も分かち合えば半分になる(諺)

A word **spoken** is past recalling. ・話された一言は呼び戻せない(諺)

Patience **provoked** turns to fury. ・我慢が刺激されると激怒に変わる(諺)

┌─────────────────┐   ┌─────────────────┐
│ 形容詞 or 相当語 │ + │ 名詞相当語=動名詞 │
└─────────────────┘   └─────────────────┘

After **pleasant scratching** comes **unpleasant smarting**.
・心地よいかきむしりの後に不快なひりひりの痛みが来る(諺)

A little learning is a dangerous thing.
・少々の学問は危険なもの(生兵法は大怪我のもと)(諺)

Little intermeddling makes good friends.
・少ない干渉は友達関係によい(諺)

Constant dropping wears the stone. ・点滴石を穿つ(諺)

A good beginning makes **a good ending**.
・よき始まりはよき終わりとなる(始めよければ終わりよし)(諺)

修飾語としての副詞の語順は、次の通りです。

$$\boxed{\text{副詞}} + \boxed{\text{形容詞}}$$

A man`s worth is **no** greater than the worth of his ambitions.
- 人の価値はその人の野望の価値以上に大きいことはない(諺)

Honest fame awaits the **truly** good.
- 公正な名声は、真に善良なる人々を待っている(諺)

No one can be **perfectly** happy till all are happy.
- 誰も全員が幸せになる迄完全に幸せにはなり得ない(諺)

You are **truly** happy if you make others happy.
- 君が他人を幸せにするならば、君は真に幸せになる(諺)

He who cannot bear misfortune is **truly** unfortunate.
- 不幸に耐えることの出来ない者は誠に不幸である(諺)

A short life is long **enough** for living well.
- 短い人生は正しく生きるのに十分な長さだ(諺)

No one is rich **enough** to do without a neighbor.
- 誰も隣人なしにやっていけるほど金持ちではない(諺)

他の副詞や副詞句を修飾する副詞

$$\boxed{\text{副詞}} + \boxed{\text{副詞 or 副詞句}}$$

He who does things **too** hastily does them the **less** effectually.
- 物事を余り急いでする者は、それだけ効果少なく行う(諺)

Learning is **far** more precious than gold.
- 学問は金よりずっと貴重である(諺)

Nothing is **more** easily blotted out than a good turn.
- よい行為(親切)くらいじきに忘れ去られるものはない(諺)

Stretch your arm **no** further than your sleeve will reach.
- 自分の袖の長さ以上に手を伸ばすな(消費は財力に合わせよ)(諺)

Teach your child to hold his tongue; he'll learn fast **enough** to speak.
- 子供に黙ることを教えなさい、すると子供は話すのに
十分な早さで学ぶことになるから(諺)

The higher our position, the **more** modestly should we behave.
- 我々は地位が上がるほど、それだけ慎ましやかに振る舞うべきだ(諺)

動詞を修飾する副詞

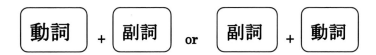

To know **truly** is to know by causes.
- 真に知ることは原因で知ることである(諺)
Fortune **truly** helps those who are of good judgment.
- 幸運は、正しい判断を持つ人々を真に助ける(諺)
He only **truly** lives who lives in peace.
- 平安に暮らす者だけが真に生きている(諺)
What costs **little** is **little** esteemed.
- 値段が安いとほとんど尊重されない(諺)
You know **better** than that. - 君はそれ位のことは知っているよね(諺)
He laughs **best** who laughs **last**. - 最後に笑う者が一番よく笑う(諺)
Those that brag **most**, execute **least**. - 大ほら吹きの無為無能(諺)
No one is rich **enough** to do without a neighbor.
- 誰も隣人なしにやっていけるほど金持ちではない(諺)
The fish always stinks from the head **downwards**.
- 魚は必ず頭から下に腐る(諺)
You are **truly** happy if you make others happy.
- 君が他人を幸せにするならば、君は真に幸せになる(諺)
Fortune **truly** helps those who are of good judgment.
- 幸運は、正しい判断を持つ人々を真に助ける(諺)
He who does things **too hastily** does them **the less effectually**.
- 物事を余り急いでする者は、それだけ効果少なく行う(諺)
What costs **little** is **little** esteemed.
- 値段が安いとほとんど尊重されない(諺)
Nothing is **more easily** blotted **out** than a good turn.
- よい行為(親切)くらいじきに忘れ去られるものはない(諺)
Nothing is given **so freely** as advice.
- 忠告程自由に与えられるものはない(諺)
No one has **ever** seen tomorrow.
- いまだかって誰も明日を見たことはない(諺)
The absent are **always** in the wrong. - 不在者はいつも悪い者にされる(諺)
What has happened **once** can happen **again**.
- 一度起きたことは、再度起きるものだ(諺)
Beware of the man who kisses your child; he`ll be kissing your wife
 in due time. - 君の子供にキスする男には気をつけよ、そのうち
君の妻にキスすることになる(諺)

Blessed is he who expects nothing, for he shall **never** be disappointed.

- 何も期待しない人は、幸いである、何故なら
決して失望することがないから(諺)

The fish will **soon** be caught that nibbles at every bait.

- どんな餌でもつつく魚は直ぐに釣られる(諺)

There will be sleeping **enough** in the grave.

- 墓へ入れば十分眠れるであろう(諺)

There ought to be a law **against such things**.

- かような事柄に対しては法律があってしかるべきだ(諺)

There is a skeleton **in every house**. - どの家にも家の秘密がある(諺)
There is no garden **without weeds**. - 雑草のない庭はない(諺)

動詞を修飾する副詞句

動詞 + 副詞句

Friends agree best **at a distance**.

友達は離れている時が一番仲がいい(諺)

You cannot burn the candle **at both ends**.

- ロウソクを両端で燃やすことは出来ない(諺)

The fairest rose is **at last** withered.

- どんな綺麗なバラでもついには萎れる(諺)

Eat **to live**; do not live **to eat**.

- 生きるため食べ、食べるために生きるな(諺)

No one is rich enough **to do without his neighbour**.

- 何人も隣人なしで済ませる程金持ちではない(諺)

Of enemies the fewer, the better. - 敵は少なければ、少ない程いい(諺)
Rules are made **to be broken**. - ルールは破られるために作られている(諺)
What is bred **in the bone** will never come **out of the flesh**.

- 骨の中で育てられたものは肉から外へでない(三つ子の魂百まで)(諺)

文全体を修飾するケース

副詞 + 文章全体

Evidently, you are in the wrong. - 明らかに君が間違っている
Fortunately, I was on time. - 運よく、間に合った
Happily he did not die. - 幸いにも彼は死ななかった
Honestly, this is above me. - 正直言って、これは私には及ばないことだ

45

Unfortunately, this is the best I could do.

- 不幸にも、これが私の出来る限界です

Usually we praise only to be praised.

- 通常、我々は褒められるだけのために褒めるのである(諺)

異常な語順

Anything, something, everything 等の名詞には、形容詞、次の様に後置の形を取ります。

Everything new is fine. — 新しいものはなんでも立派である(諺)

Everything unnatural is imperfect.

— 不自然なものはすべて不完全である(諺)

There is nothing more precious than time. — 時間程貴重なものはない(諺)

There is nothing permanent except change.

— 変化以外に永久的なものはない(諺)

Wherever there is a secret, there must be something wrong.

— 秘密があるところには、何か悪いことがあるに違いない(諺)

更には、次の様な例外もあります。

Many a good cow has an evil calf.

— 立派な雌牛から出来損ないの子牛がうまれることが多い(諺)

Many a little makes amickle.

— 小さいものが集まれば大きなものになる(塵も積もれば山となる) (諺)

Many a man serves a thanless master.

— 恩知らずの主人に仕える下僕は多い(諺)

Many a true word is spoken in jest.

— 多くの真実が冗談で語られる(嘘から出た誠) (諺)

殆どの英文法学習書が掲げている英文基本文型の要素、S, V, O,C を示します。

英文基本文型と動詞をベースの語順

英語の**基本文型の要素**には、 **Subject, Verb, Object, Complement** （主語、動詞、目的語、補語)の四つの要素があります。

大抵の文法書は、必ず、次の五つの基本文型を挙げています。 動詞のタイプにより、文の基本パターンを分類するものです。 すなわち、**自動詞**か**他動詞**か、更に**補語**を取るタイプか**目的語**を取るタイプかによって、分類を行うものです。 この分類法を越えた、もっと詳細な基本文型(Sentence Pattern)の分類法も存在しますが、この五つの基本文型は、基本中の基本と考えて、学習してください。

第一文型　　主語(Subject)+動詞(Verb)　　　　　　　　　　　**SV**

第二文型　　主語(Subject)+動詞(Verb) + 補語(Complement)　**SVC**

第三文型　　主語(Subject)+動詞(Verb) + 目的語(Object)　　　**SVO**

第四文型　　主語(Subject)+動詞(Verb) + 目的語 + 目的語　　**SVOO**

第五文型　　主語(Subject)+動詞(Verb) + 目的語 + 補語　　　**SVOC**

注: 第四文型での二つの目的語は、それぞれ、**間接目的語**、**直接目的語**と呼ばれ、通常、間接目的語は**人**、直接目的語は**物**を対象とします。

第一文型　(Subject + Verb)

Accidents will happen.　　　　　　　　　　・事故は起きるもの(諺)

Action speaks louder than words.　　　・行動は言葉よりも雄弁なり(諺)

Bad news travels fast.　・悪い知らせは早く伝わる(悪事千里を走る)(諺)

第二文型　(Subject + Verb + Complement)

A hungry man is an angry man.　・空腹の人は怒りっぽい人である(諺)

Seeing is believing.　　　　　　　　　　・百聞は一見にしかず(諺)

Time is a great healer.　　　　　　　・時間は偉大な治癒者である(諺)

第三文型 (Subject + Verb + Object)

A good beginning makes a good ending.
- 始め良ければ、終わりよし(諺)

A light purse makes a heavy heart. - 財布が軽いと、心は重くなる(諺)

Every man has his faults. - 誰にも欠点はあるもの(無くて七癖)(諺)

第四文型 (Subject + Verb + Object + Object)

Give a man (or him) an inch, and he will take a mile.
- 1インチを与えたら、1マイルは取られるぞ(諺)

Give us the tools, and we will finish the job.
- 我らに道具与えよ、しからば仕事を仕上げましょう(諺)

Don't teach your grandmother to suck eggs.
- 祖母に卵の吸い方を教えるな(釈迦に説法)(諺)

第五文型 (Subject + Verb + Object + Complement)

Adversity makes a man wise. - 逆境が人を賢くする(諺)

All work and no play makes Jack a dull boy.
- 勉強ばかりで、遊ばないと、子供は馬鹿になる(諺)

Custom makes all things easy.
- 慣れると、どんなことも容易になる(諺)

「英語」と「日本語」の言語構造上の相違点

英語と日本語には言語構造上大変顕著な相違点があります。　これらの全体像を一覧しておくことは大変重要なことなので、以下にこれらを列挙します。
最初は、ピンと来ないかも知れませんので、読み飛ばして、或る程度学習が進んだ状態で、戻って来て読み返すことをお勧めします。

1.　普通名詞の単数/複数と不定冠詞/定冠詞

日本語では「普通名詞」では、単数か複数なのかどうかは、わかりませんが、英語では、明白です。　普通名詞は、初出の場合 原則として、単数の名詞には、「不定冠詞 a/an」が附いており、二つ以上、即ち複数のものは、s または es がついており、一個なのか2個以上なのか、直ちに判明します。　また、初出後の2回目からは、必ず、「定冠詞 the」が付けられて、そのものが特定されるのです。

では、実例で確かめましょう。　普通名詞の Cat を例にして調べてみましょう。英語表現では、通常は、次の四つの事例があります。　初出では、不定冠詞 a が附くか、複数形を示す s が附くのですが、二回目からは、the が附いて特定化します。　特例以外、cat という単独の形では使用されません。　これらのケースで、我々日本人を惑わすのは、the cat と言う言葉使いが、猫というものはと、総称的な表現があるのです。　我々、日本人が英語学習で最後まで、苦しむのが、冠詞と複数の問題なのです。　書き言葉なら、文書を見て、仔細にチェックして、訂正することが可能です。　でも、喋り言葉では、そうは行きません。　一旦発せられた言葉は、もう取り返すことが出来ないからです。

a cat (一匹の猫)　　　→　　the cat (その猫)

cats (2匹以上の猫)　→　　the cats(それらの猫(複数))

それでは、諺の実例でみてみましょう。

A cat may look at a king.　⁻　猫でも王様を見ることが出来る(諺)
A gloved cat can catch no mice.　⁻　手袋をした猫は鼠を取れない(諺)

Who shall bell **the cat**?　　　　　　‐ 誰があの猫に鈴をつけるか(諺)

　　　　　　　　　　　　　　　　　　(誰が難局に当たるか)

All cats love fish but fear to wet their paws.

　　　　　　　　　　　‐ 猫はみな魚が好きだが手を濡らすのを嫌がる(諺)

Cats eat what the goodwife spares.

　　　　　　　- 主婦が倹約して食べないでおくものを猫達は食べる(諺)

Cats hide their claws.　　　　　　　‐ 猫は爪を隠す(諺)

次の事例の **the** は、特定のものを指すのではなくて、一般的な
ものを表すのに使用される **the** です。

When the **cat's** away the mice will play.

　　　　　　　　　　　　　　　　‐ 猫がいないと鼠があばれる(諺)

The cat would eat fish and would not wet her feet.

　　　　　　　　‐ 猫は魚を食べたがるが、その足は湿したがらない(諺)

Don't make yourself a mouse, or **the cat** will cat you.

　　　　　‐ おのれを鼠にするな、さもないと猫が君を食べてしまう

　　　　　　　　　　　　　　　　　　　　　　であろう(諺)

2.　代名詞の存在と多用

日本語では余り使用されることはないのですが、英語では「代名詞」が
多用されます、何故なら英語の構造では、必ず、一つの文章が成り立つ
には、主語、述語、場合により、目的語が必要で、日本語に見られる様に、
日本語は、これらがなくても成り立つのです。　同じ言葉を繰り返し使用
するのではのではたまりません。　一音節の「人称代名詞」の使用がこれを
カバーするのです。　次に示すのが、人称代名詞の一覧表です。　日本語で
は、多音節になっています。　例えば、彼は、彼女は、彼らは、それらは、
Karewa、**Kanojowa**、**Karerawa**、**Sorerawa** になります。　これらを繰り
返し喋るのは、煩わしく、大変なことは、直ぐにお判りでしょう。

それでは、実例で示しましょう。

When <u>we</u> have not what <u>we</u> like <u>we</u> must like what <u>we</u> have.

<u>You</u> never know what <u>you</u> can do till <u>you</u> try.

これを文字通り、日本語にすると、大変煩わしいことになります。

「我々が、我々が好む物を所有しない時、我々は、我々が所有する
　ものを好きにならねばならない」
「貴方は、貴方が試みる迄は、貴方が何が出来るか、決して判らない」

英語では、「単音節」の We と You が複数ある文章ですが、何の問題も
ないのですが、これらを文字通りに訳出すると、多音節の WAREWARE
と ANATA を繰り返す、煩わしい、不自然な文章になります。　日本語
では、適当に言葉を省略することが可能です。　実に、いい加減な文構
造が許されるのです。

人称代名詞

人称	単複 / 男女 物・こと		主格 ~が	所有格 ~の	目的格 ~を(に)	所有 代名詞 ~のもの	再帰 代名詞 ~自身を(に)
一人称	単数	私	I	my	me	mine	myself
	複数	私たち	we	our	us	ours	ourselves
二人称	単数	あなた	you	your	you	yours	yourself
	複数	あなた方	you	your	you	yours	yourselves
三人称	単数	彼	he	his	him	his	himself
		彼女	she	her	her	hers	herself
		それ	it	its	it	-	itself
	複数 男女 共通	彼ら 彼女ら それら	they	their	them	theirs	themselves

注 1:　主格、所有格、目的格を注目下さい、すべて一音節です。
注 2:　音節(シラブル)とは、音声上の一単位、一まとまりの音のくぎり

代名詞の使われている実例を見ましょう。

When ill luck falls asleep, let nobody wake **her**.
　　　　　　　- 悪運が眠っている時は、誰にも起こさせるな(諺)
When things are at the worst, **they** begin to mend.
　　　　　　　- 事態が最悪の時、好転し始める(窮すれば通ず)(諺)
Good fortune is not known until **it** is lost.
　　　　　　　- 幸運は、失われるまでは、判らない(諺)

3. **仮主語 IT の仕組み**

代名詞の中の一つ、**IT** は、文章の冒頭に来て、仮主語として、本来の主語が文章の後部に出現させる仕組みがあるのです。

It is better **to have loved and lost than never to have loved at all.**
　　　・全然恋をしたことがないより、恋をして失恋した方がいい(諺)
It takes two **to make a quarrel.**　　　・喧嘩するには二人要る(諺)
A woman finds it easier **to do ill than well.**
　　　　・女は善を為すより悪を為す方が容易だとわかっている（諺）

It is ill **striving against the stream.**　　・流れに逆らうのは悪い(諺)
It is no **meddling with our betters.**　　・目上の人とは争えない(諺)
It is no use **crying over spilt milk.**
　　　　・こぼれたミルクを嘆いて駄目(覆水盆に返らず)(諺)

4. **動詞と助動詞の時制**

動詞は、大別して、次の三種類（Be/Have/Do 動詞）に分かれます。
動詞と一緒に用いられる「助動詞」の種類により、様々な様態の表現が可能な仕組みになっています。

1. Be 動詞　（状態を表す）
2. Have 動詞　（所有を表す）
3. Do 動詞　（Be 動詞と Have 動詞以外の動詞）
　　　　　（状態/所有以外の動作・行為を表す）

これら三種類の動詞は、人称によって、語形が決まっています。
その詳細は、動詞の項目で示すので、そちらで参照してください。

動詞動詞の基本的な変化は、「現在形」「過去形」ですが、「未来形」は、助動詞との組み合わせの使用で表します。　また、過去分詞というものがあり、Have 動詞との組み合わせで、現在/過去/未来「完了形」が作られが生み出されます。

Be 動詞は、Have 動詞と Do 動詞とが組み合わさって、次の様な色々な形態表現を生み出します。

1. 　**過去/現在/未来**進行形を作る
2. 　**能動態を受動態**に変える
3. 　Have 動詞と過去分詞の組み合わせで、
　　過去/現在/未来完了形を作る

また、日本語では、満足に表現できない、様々で多彩な「時制」
という、時間の関係を表出出来る機能があります。　動詞の変化
百態呼ぶべき姿を作り出すことが出来ます。　日本語では見られ
ない

No one **has** ever **seen** tomorrow.
　　　　　　　　　　　　　¨ いまだかって誰も明日を見たことはない(諺)
Nature **is conquered** by obeying her.
　　　　　　　　　　　　¨ 自然は、それに従うことで征服する(諺)
What you**'ve** never **had** you never miss.
　　　　　　¨ 所有したことのないものは、決して惜しむことはない(諺)
Beware of the man who kisses your child; he**'ll be kissing** your wife
　in due course.
　　　　　　　¨ 君の子供にキスする男に気をつけよ、そのうち君の妻に
　　　　　　　　　　　　　　　　　　　　キスすることになる(諺)
Ask, and it **shall** be given you.　　¨ 求めよ、さらば与えられん(諺)
Constant **dropping** wears away the stone.
　　　　　　　　　　¨ 絶えず滴り落ちる水は石をも穿ち去る(諺)
Lying and **stealing** lives nest door to each other.
　¨ 嘘をつくことと盗みをすることはお互いに隣同士に住んでいる(諺)
It is too late **to grieve** when the chance is past.
　　　　　　　　　¨ チャンスが通り過ぎて嘆くのは遅すぎる(諺)

5.　　形容詞と副詞の比較級と最上級

「形容詞」と「副詞」には、原級、比較級(原級+er)、最上級
(原級+est)と三つの形があり、語形変化があります。

更に、前置詞と名詞あるいは名詞相当語の組み合わさった
もので、名詞を後ろから修飾する後置型のものがあります。

日本語では、この様な後置型の形容詞はありません。

例えば、ある文章で、「finer」という言葉にぶつかり、意味がわからなくて、辞書を引いたとしましょう。 大抵の辞書では、「finer」という単独の単語は、見つからないでしょう。何故なら、fine, finer, finest と規則変化をするだからです。規則変化をする形容詞の全てについて、比較級と最上級とを示すとすると、とんでもないスペースの無駄遣いになるのです。 でもご安心ください。 Fine というて単語を引くと、その言葉の後に、通常次の様な記載があります。 a (finer, finest)が見つかる筈です。wise という単語も同じ筈です。

でも、このことがわかるには、形容詞が、比較級と最上級で語形変化することと fine という単語が形容詞であることを知っていなければならないのです。

もう一つ、日本語には見られない語法があります。 前置詞と名詞または名詞相当語の組み合わせで、形容詞の形を取り、ししかも名詞の後ろに置いて、後置型の修飾語になります。

Birds **of a feather** flock together. ˉ 同じ羽の鳥は一緒に集まる(諺)
Punctuality is the soul **of business**.
ˉ 時間厳守は、ビジネスの真髄(諺)
Vision **without action** is a daydream.
ˉ 行動を伴わない将来像は、白昼夢だ(諺)
Genius is an infinite capacity **for taking pains**.
ˉ 天才とは、骨を折る無限の能力だ(諺)
Satan always finds work **for idle hands**.
ˉ 悪魔は怠け者の仕事を見つける(小人閑居して不善をなす)(諺)
The husband is always the last **to know**.
ˉ 夫はいつも最後に知る(知らぬは亭主ばかりなり)(諺)
There is a time **to speak** and a time **to be silent**.
ˉ 喋るべき時と黙っているべき時がある(諺)
The time **to come** is no more ours than the time past.
ˉ 来るべき時間は、過ぎ去った時間以上に、我々のものではない(諺)
A word **spoken** is past recalling.
ˉ 一度口から出た言葉は呼び戻せない(諺)
A disease **known** is half cured.
ˉ 病気がわかれば、半分治ったも同然(諺)

Time **lost** cannot be recalled.　　　-　失われた時間は取り戻せない(諺)

6.　形容詞 No を使っての否定文

日本語では絶対見られない文構造に、形容詞「NO」を使った、次の様な
事例があります。　この形態に慣れるまでは、相当時間が掛かりますが、
実に便利な用法だと判ります。

No news is good news.　　　　　-　便りの無いのは良い便り(諺)
A willing burden is **no** burden.　-　喜んでする苦労は苦労でない(諺)
A forced kindness deserves **no** thanks.
　　　　　　　　　　　　　-　押し付けられた親切は感謝に値しない(諺)
Leave **no** stones unturned.
　　　　　-　ひっくり返さない石を残すな(どの石もひっくり返してみよ)(諺)
It's **no** use crying over spilled milk.
　　　　　　　　-　こぼれたミルクを嘆いても駄目(覆水盆に返らず)(諺)
There is **no** accounting for tastes.
　　　　　　　-　趣味には説明が付かぬ(蓼食う虫も好き好き)(諺)

7.　文中の補足説明の「関係代名詞」と「副詞」

また、日本語には見られない「関係代名詞」と「関係副詞」と言う部品があり、
二つの文章を繋ぎ合わせるか、文章途中の言葉に、補足説明を行う、非常に便利
な仕組みが出来るのです。

A woman's advice is no great thing, but he **who does not take it** is
　　a fool.
　　-　女の助言は、決して大したものではないが、それを受け入れない
　　　　男は馬鹿だ(諺)
All **that glitters** are not gold.　　-　光るもの必ずしも金ならず(諺)
The heart has reasons **which** reason do not know.
　　　　　　　　　-　心は、理性が知らない理由を持っている(諺)
Those **who live in glass houses** should never throw stones.
　　-　ガラスの家に住む人たちは、決して石を投げてはならない(諺)
Love is a flower **which turns into fruit at marriage**.
　　　　　　　-　愛は、花であって、結婚の時に果実になる(諺)

The fire **which lights us at a distance** will burn us when near.

ー 遠くで我々を照らしてくれる火は、近くでは
我々を火傷させる(諺)

Nothing is so bad **in which there is not something of good**.

ー どんな悪いことであっても、善のかけらもないものはない(諺)

Love is a game **in which both players always cheat**.

ー 恋愛とは、双方のプレーヤーが常に騙し合うゲームだ(諺)

Old age is a malady **of which one dies**.

ー 老齢とは、人が死ぬ原因の病である(諺)

Cross the stream **where it is shallowest**. ー 川は浅瀬を渡れ(諺)

Every one leap over the dyke **where it is lowest**.

ー 誰でも、垣根は一番低い所を越える(諺)

Home is **where the heart is**. ー 家庭とは、心の宿るところ(諺)

8. 前置詞の活躍

日本語には見られない「前置詞」と言う「言葉の部品」は、言葉通り、名詞あるいは名詞相当語の前に置く部品です。 日本語にはこれに相当する WORD はありません。 殆どは、短シラブル(音節のもの)です。最近では、歌のタイトルにありますが、「One rainy night in Tokyo (東京での或る雨の夜)」の in とか、「何でも鑑定団 in 特定場所」という様に、日本語の形で使われています。
強いて上げれば、コンサート 於: 京都 日時: 10:00-14:00 のチラシに見られる様に、「於」が前置詞に当たるかもしれませんが、本来日本語にはない言葉です。

One thing **at** a time. ー 一度に一つのことを(諺)

A tree is known **by** its fruits. ー 木はその果実でわかる(諺)

When **in** Rome, do as the Romans do.

ー ローマにいる時は、ローマ人のようにしろ(諺)

Confession is good **for** the soul. ー 告白は魂にいい(諺)

Love your neighbor **as** yourself. ー 隣人を君自身として愛せよ(諺)

9.　接続詞の文中位置

単語と単語、句と句、節と節、文と文を繋ぐのが接続詞です。
文章と文章とを繋ぐ「接続詞」にも二種類あります。　日本語では
文章の後ろの部分に現れるのですが、英語では、文章の文頭に来る
のが通常です。

Beauty **and** folly go often in company.

　美と愚行はしばしば相伴う(諺)

Despise school **and** remain a fool.

　授業を見くびって、ずっと馬鹿でいろ(諺)

Spare the rod **and** spoil the child.

　鞭をおしんで、子供を駄目にしろ(諺)

A woman **either** loves **or** hates in extremes.

　女は愛するも嫌うの両極端(諺)

Never put off **till** tomorrow what can be done today.

　今日出来ることを明日まで伸ばすな(諺)

A liar is not believed **when** he speaks the truth.

　嘘つきは、本当のことを話す時、信じられない(諺)

The tide must be taken **when** it comes.

　塩時は、やって来た時、捕えねばならない(諺)

ここで、日本語で、実にいい加減な言葉使いの事例を紹介します。
下記のサンプルは、マスコミでよく使用され、耳にする用語です。

　　　与野党の攻防
　　　(Offence & defence of the ruling and opposition parties)

　　　東海道上下線
　　　(Tokaido up and down lines)

この二の例は、耳慣れていて、なんの違和感もないかも知れませんが、
実に不思議ですよ。　「与野党」という名の党名は存在しないし、また
「上下線」という名の路線も存在しません。　二つの党名と路線名は、
間違いなく、それぞれ独立した言葉です。

またよく、「**心肺停止**」（医学用語では cardioplumonary arrest）という
言葉を耳にしますが、心臓と肺の両方が一緒になった、心肺と呼ぶと
いう内臓器官は存在しないのです。　　日本語のいい加減さには驚きます。
正しくは、次の様になるでしようが、何故日本語では、こんな省略を行う
ことになったのでしょうか。

　　　与党と野党の攻撃と守備
　　　東海道線の上り線と下り線

くどいかも知れませんが、念のため、色々な事例を挙げておきましょう。

　　　多情多感　—　富国強兵　—　新旧交代　—　呉越同舟
　　　果穀藻菜　—　貧富格差　—　衆参両院　—　老々介護
　　　三名死傷　—　増改築　—　全半壊　—　与野党
　　　日米、日韓、日中、日ロ

　　更に、多数の事例がありますが、我々日本人は、耳慣れていますので、
殆ど違和感を覚えません。もう二、三例、日本語の異常な言葉使いを
示しましょう。

「清濁併せ呑む」なんていいますが、この清濁のワンワードは、何を表すので
しょう。　清いものと濁ったものと一緒に呑み込むという表現だとおもいます。
英語では、Take the good with the bad. となります。　　The good　と the bad
とは一緒のものではなくて、別個のものです。

新聞報道などで、この事故では、「重軽傷者」多数が出ましたという表現が
使われますが、これは、重傷者と軽傷者とが多数出たという意味であり、重
軽傷者と一括りにするとは、誠に不思議です。　英語では、Casualties と
死傷者、被災者、被害者という一括りの単語を使うか、heavily and slightly
injured or wounded と明確に使い分ける筈です。　　日本語では、何故、
こんなに省略形で、曖昧な表現形態を多用するのでしょうか。

学習メモの頁

語法(Wording)

　　本書の主眼は、英文法の全体像を明確化することにあるので、あくまで、論点、は、下記の主要素に絞り込む関係で、Word の品詞各論については、前著「英文法読本」に譲り託したいので、そちらの方をご参照下さい。

　　今まで、一つの英文の組み上げに使用されるのは、14種類の品詞(単独部品と複合部品)で、更に、これらを組み合わせて、英文に構成するには、5種の構成要素であることを学びました。

品詞の種類

単独部品

　　　　　8 品詞
　　　　　4 種の動詞派生語

複合部品　　　2 種　 ─　　形容詞句
　　　　　　　　　　　　 ─　　副詞句
_____
　　　　　14 種　品詞

英文構成要素

　　　　5種　　　主語 / 述語/ 目的語 / 補語 / 修飾語

　　更に、つぎの頁に示す様な、色々な表現を可能にする**語法(Wording)**が加味されて、個々の英文が完成します。　次の頁に、色々な語法の一覧を示しますので、「英文法骨子の全貌」の可視化図を振り返って見て、英文の出来上がる仕組みを再確認しましょう。

14品詞の WORDS　**+**　**5種の英文構成要素**　**+**　**多様な語法**

(これら三要素を矛盾なく、三位一体化するのが英文法です)

語法の詳細一覧

語法の形態は、次の様に、品詞によって色々な形態があります。

○ 動詞ベース

○ 名詞/代名詞/接続詞ベース

○ 形容詞/副詞ベース

〇 その他ベース

　以上の表示でわかる様に、語法は、実に多岐にわたっています。　次の頁から、完全な理解と習得が出来るよう、十分な実例を表示しています。

語法一覧

関連品詞	表現機能	内容説明
動詞	進行形	「Be 動詞+現在分詞」の組み合わせで現在進行形を作る
	付帯状況	ある動作と別の動作を同時に行うことを「付帯状況」という言葉で表します
	完了形	「Have + 過去分詞」で完了形を作る
	不定詞	動詞の原形に to を付けて名詞化する
	動名詞	動詞の原形に ing を付けて名詞化する
	意味上の主語 (Sense Subject)	文法上は、主語でなくて、形容詞句あるいは副詞句でありながら、感覚上または意味上不定詞あるいは動名詞の主語となるもの
	分詞構文	従属文の主語と接続詞を省き、動詞を現在分詞に変えて、副詞句の形にする(文章の圧縮)
	受動態・能動態	他動詞の目的語を主語の位置に持ってきて、能動態を「Be 動詞+ 過去分詞」の形で受動態に変えるやり方
	仮定法	事実、現実とは異なる事を想定して、希望、願望等を表現する語法
	知覚/使役/思考動詞	これらに分類される種類の動詞の後ろでは、原形不定詞(to を伴わない)を使用する
	The + 過去分詞	過去分詞となる動詞の働きを受けた事あるいは者を表す。 名詞相当語扱い
	12 種の時制表示	日本語には全然みられない「動詞の形態変化」で動作・行為の発生時刻の差異を明確にする
	動詞変態のルールの一貫性	主文の本動詞と不定詞或は動名詞との時制の関係が全く、崩れることなく、矛盾なく成立します。

左の表現機能と内容説明を参照しながら、下記の**ボールドのワード**に
注目して下さい。

What you **are doing** do thoroughly.- やっている最中の事は徹底的にやれ(諺)

May birds come **cheeping**. 　　　　・五月の鳥はピヨピヨ言って来る(諺)

Every oak **has been** an acorn. 　　　　・どの樫もドングリだった（諺)

To say and **to do** are two things. 　　・言うことと行うことは別のこと(諺)

It is ill **striving against the stream**. 　　・流れに逆らうことはよくない(諺)

It is hard **for an empty bag** to stand upright.
　　　　　　　　　　　　　　　　・空の袋が直立するのは難しい(諺)

Being on sea, sail; **being** on land, settle.
　　　　　　　　　　　　・海上では航行せよ、陸上では定住せよ(諺)

A golden key **opens** every door. 　　・黄金の鍵はどんな扉でも開ける(諺)
What **cannot be cured must be endured**.
　　　　　　　　　　　・治せないものは我慢しなければならない（諺)

If there **were** no cloud, we **should** not enjoy the sun.
　　　　　　　　・もし雲がなかったら、太陽を楽しむことはないでしょう(諺)

Each bird loves to **hear** himself **sing**.
　　　　　　　　　　・どの小鳥も自分が歌うのを聞くのが好きだ(諺)

Nothing is certain but **the unforeseen**.
　　　　　　　　・予見されないこと以外に確実なことは何もない(諺)

一覧表にしてある事例をよく見て、どんな状態を意味するかを理解し、
完全に把握してください。　英語は、実に論理的な構成になっています。

語法一覧, 続き

関連品詞	表現機能	内容説明
名詞 代名詞 接続詞	形式主語 IT	日本語には見られない、便利な仮の代用品
	無生物主語・目的語	日本語には見られない語法
	関係代名詞	補足説明を文中で行う、英語独特の語法
	関係副詞	関係代名詞とほぼ同じ機能の語法
	複合関係詞	語尾に「ever」の付く関係詞
形容詞 副詞	比較の用法	比較を表現する形容詞の語法
	No を用いた否定表現	日本語には見られない否定の形容詞語法
	完全否定と部分否定	全否定や部分否定の否定表現法
	The +形容詞	形容詞の表す人々、名詞扱い
	倒置と省略	強調のための語順倒置 同一語の繰り返しを避ける省略語法
	挿入と強調	文中に挿入をする語法 強調構文の語法
	語順	通常の語順とは異なる語法
	譲歩	明確な主張を避けて、一歩譲る形の表現法で相手を説得する語法
	節と句	一つの完全な文章となっているものと、複数の単語で構成された語群

左の表現機能と内容説明を参照しながら、下記の**ボールド**のワードに
注目して下さい

It is never too late to learn. 　　　　　　・学ぶのに遅すぎるということはない(諺)

Nothing is more precious than time. 　　　・時間程貴重なものはない(諺)
To have **nothing** is not poverty. 　　　・何も所有しないことは貧困ではない(諺)

He laughs best **who** laughs last. 　　　・最後に笑う人が、最もよく笑う(諺)

Cross the stream **where** it is shallowest. 　　　・川は浅瀬を渡れ(諺)
Whatever is worth doing at all, is worth doing well.
　　　　　・いやしくもする価値のあることは、立派にやる価値がある(諺)

Words cut **more than** swords. 　　　・言葉は刀剣以上に人を傷つける(諺)

No news is good news. 　　　　　・便りのないのはよい便り(諺)
No herb will cure love. 　　　　　・恋の病に薬なし(諺)
Nobody sees the sack which is behind him.
　　　　　・自分の後ろにある袋は誰にも見えない(諺)
All is **not** gold that glitters. 　　　・光るものかならずしも黄金ならず(諺)

Be good **with the good** and bad **with the bad**.
　　　　　・善人達には良くしろ、悪人達には悪くしろ(諺)

Blue are the hills that are far away. 　　　・遠くにある丘は青い(諺)
Bad money drives out good. 　　　・悪貨は良貨を駆逐する(諺)
Promises, **like pie-crust,** are made to be broken.
　　・約束は、パイの皮のようなもので、破られるためになされるもの(諺)
It is the first step **that** is difficult. 　　　・難しいのは第一歩だ(諺)
Many a little makes a mickle. 　　　・塵も積もれば山となる(諺)

Follow your own bent, **no matter what** people say.
　　　　　・人が何と言おうとも自分自身の好みに従いなさい(諺)
A stitch **in time** saves nine. 　　　・今日の一針、明日の十針(諺)
Life is **what you make**. 　　　・人生は、自分が作るもの(諺)

現在分詞 (Present Participle)

動詞の原型に **ing** を付けて作られる現在分詞は、次の二つの用途があります。

1. Be 動詞+現在分詞を組み合わせて**現在進行形を作る**
2. **形容詞相当語**を作る

現在進行形は、主語の数に合わせた Be 動詞に現在分詞を付けることで、主語の動作が進行中であることを表すことが出来ます。　日本語にすると、「・・・している最中」という訳語があたります。

Don't cut the bough you **are standing** on.
- 自分が立っている枝は切るな(諺)

He that has a great nose thinks everybody **is speaking** of it.
- 鼻の大きい人は皆がその噂をしていると思う(諺)

The left hand doesn't know what the right hand **is doing**.
- 左手は右手が何をしているのか知らない(諺)

What you **are doing** do thoroughly.
- やっている最中の事は徹底的にやれ(諺)

While two dogs **are fighting** for a bone, a third runs away with it.
- 二匹の犬が骨を争っている最中に、別の犬が骨を持って逃げる(諺)

現在分詞のもう一つの働きは、**動詞の機能と意味を持った形容詞**を作り出すことが出来るのです。　既述の「形容詞相当語」の項目を参照して下さい。

Bees touch no **fading** flowers.　　　- 蜜蜂はしおれる花には触れない(諺)
It is ill to spur a **flying** horse.
- 飛ぶように走っている馬に拍車を掛けるのは悪い(諺)

The tongue ever turns to the **aching** tooth.
- 舌は常に痛む歯の方へ向く(諺)

Water is boon in the desert, but the **drowning** man curse it.
- 水は砂漠では恵みだが、溺れる者は水を呪う(諺)

付帯状況

ある動作と別の動作を同時に行うことを「付帯状況」という言葉で表しますが、このことを、本動詞の後に、**現在分詞**の形にして表現します。　日本語では、「**・・・しながら**」という言葉で表します。　以下の例文で、その感触を掴んで下さい。

A borrowed loan should come **laughing** home.
- 借りられた金は元に笑いながら戻っていくべきである(諺)

Fortune does not stand **waiting** at anyone`s door.
- 幸運は誰かのドアーのところで待ちながら立っているのではない(諺)

Never swap horses **crossing** a stream.
- 川を渡っている時に馬を取り換えるな(諺)

He acts like a donkey **standing** between two bales of hay.
- 彼は二俵の干し草の間に立って、ロバの様に振舞う(諺)

He became an infidel **hesitating** between two mosques.
- 二つのモスクの間で躊躇しながら、彼は不信心者になった(諺)

He who stands **hesitating** between two churches returns without
prayer.
- 二つの教会の間で躊躇しながら立っている人は祈祷をしないで戻ってくる(諺)

If you look at your corn in May, you`ll come **weeping** away; if you look
at the same in June, you`ll come home in another tune.
- 五月に小麦を見れば、泣きながら立ち去ることになるが、もし六月に同じ小麦を見れば別の気分で帰宅するだろう(諺)

Learn **weeping** and you shall gain **laughing**.
- 泣きながら学びなさい、笑いながら得をしよう(諺)

Life is like an onion, which one peels **crying**.
- 人生は玉ねぎの様なもの、人は泣きながら剥く(諺)

Life is too short to spend **worrying**.
人生は短すぎて、心配しながら過ごすことはできない(諺)

May birds come **cheeping**.　　　- 五月の鳥はピヨピヨ言って来る(諺)

Men go **laughing** to heaven.　　- 人々は天国へ笑いながら行く(諺)

Old age comes **stealing** on.　　- 老齢は忍び足でやって来る(諺)

Play, women, and wine undo men **laughing**.
- 博打と女と酒は男を笑いながら破滅させる(諺)

Quarrelling dogs come **halting** home.
- 喧嘩する犬達はぼちぼち歩きながら帰ってくる(諺)

Seldom loan comes **laughing** home.
- ローンはめったに笑いながら元に戻らない(諺)

The chameleon changes its color **depending** on the place.
- カメレオンは場所によってその色を変える(諺)

We are born **crying**, live **complaining**, and die disappointed.
- 我々は泣きながら生まれ、不満を言いながら生き、失望して死ぬ(諺)

We **weeping** come into the world, and **weeping** hence **we** go.
- 我々は泣きながらこの世に生まれ、泣きながらこの世から去って行く(諺)
While **standing** he holds one opinion, while **sitting** another.
- 立っている間は一つの意見を保持しているが、座っている間は別の意見を持つ(諺)

付帯状況を次の語法で表現することもあります。

with 名詞 + 形容詞
or 過去分詞
or 現在分詞
or 形容詞句

Fling him into the Nile, and he will come up **with** a fish **in his mouth**.
- 奴をナイル川に投げ込め、魚を口にくわえて出てくるだろう（諺）
He sat in the chair **with** his legs **crossed**.
- 彼は自分の脚を組んで座った(諺)
He was born **with** a silver spoon **in his mouth**.
- 彼は銀のさじをくわえて生まれた(諺)
Insolence is pride **with** her mask **pulled off**.
- 横柄は、誇りがそのマスクを脱ぎ取ったものである(諺)
The little girl called out to her mother, **with** tears **running down** her cheeks.
- その小さな少女は、涙を頬に流しながら、その母へ大声をあげた

69

現在完了 (Present Participle Tense)

　動詞には、**現在形、過去形、過去分詞形、現在分詞形**があることは既に学んでいます。　単なる過去形以外に、助動詞 Have と過去分詞とを組み合わせて、現在完了という形態があります。　過去形と現在完了形の違いは何か、あるいは何故かを考えてみましょう。

　時制の頁に示した図を簡略化したのが下記のものです。　動詞の過去形が、単純にある過去の一時点での行為・出来事を表すのに、現在完了形は、**ある過去の一時点での行為・出来事が尾を引いて、現在にまで及んでいる**というのが基本の概念です。　下図により、この概念をしっかり把握してください。

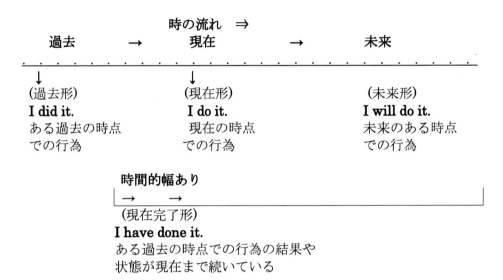

　日本語には見られない「現在完了」の用法には、次の四つの大切な機能があることが知られています。

1.　行為、動作、状態の**完了**　（…してしまっている）

2.　現在までの**経験**　（…したことがある）

3.　過去の動作、出来事の現在の**結果**　（…して…になっている）

4.　現在までの状態の**継続**　（引き続き…している）

　それぞれのケースについて事例を調べてみましょう。

1. 行為の完了

　次の諺は、真に微笑ましい情景を想起させます。　目の前にいる子供達が、い
つもと違って、おとなしくしているので、おかしいなと思ったら、
既に何か不都合なことをやって仕舞っているという文章です。

When children stand quiet, they **have done** some ill.
- 子供達がおとなしくしているときは、既に何か悪いことを
しでかして仕舞っている(諺)

　行為の完了という感触を掴んだら、以下の諺を、同じ感触で読み下して
ください。

Don't judge a man until you **have walked** a mile in his boots.
- 人の判断は、その人のブーツで一マイル歩く迄はするな(諺)
He **has sold** a bean and bought a pea.
- インゲン豆を売ってえんどう豆を買った(価値あるものを
手放してくだらぬものを手にいれる)(諺)
Having mastered the lesser difficulties, you will more safely venture
on greater achievements.
- 小さな難事をマスターしたので、より大きな達成に向かって
一層安全に立ち向かえることになる(諺)
If I've told you once, I've told you a thousand times.
- 一度言ったら、千回言ったことだ(人の言うこと聞きない)(諺)
It is too late to lock the stable when the horse **has been stolen**.
- 馬が盗まれてしまってから、馬小屋に施錠するのは遅すぎる(諺)
No man **has** ever yet thoroughly **mastered** the knowledge of himself.
- 誰もいまだかって自分自身についての知識を
徹底的に習得した人はいない(諺)
No matter how far you **have gone** on a wrong road, turn back.
- 間違った道をどんなに遠くまで行ったとしても、戻れ(諺)
Men understand the worth of blessings only when they **have lost** them.
- 人は天の恵みの価値を理解するのは、それを失ってしまった時だけだ(諺)
Only after you **have crossed** the river can you ridicule the crocodile.
- 川を渡ってしまった後でのみ、鰐をあざけることが出来る(諺)
The arrow that **has left** the bow never returns.
- 弓から離れてしまった矢はけっして元に戻らない(諺)
The cow knows not what her tail is worth till she **has lost** it.
- 牛は尻尾を失うまでは、尻尾の価値がなんであるかを知らない(諺)
The nurse is valued till the child **has done** sucking.
- 乳母が大切にされるのは子供がおしゃぶりを済ませるまでである(諺)
What **has happened** once can happen again.
- 一度起きたことは、再度起きるものだ(諺)

2. 経験

次の諺に使われている現在完了形は、蛇に噛まれたという経験を明確に表すものです。

He that **has been bitten** by a serpent is afraid of a rope.
- 蛇にかまれたものは縄を恐れる(諺)

下記の諺を読み下して、**現在完了の経験**を表す感触をしっかり掴んでください。

A dog which **has been beaten** with a stick is afraid of its shadow.
- ステッキで打たれたことのある犬は、ステッキの陰を恐れる(諺)

He who **has once used** deception will deceive again.
- 一度ごまかしをした者は再度ごまかしをするもの(諺)

If you **have seen** one, you've **seen** `em all.
- 一つ見たら、全部見たのと同じ(どれも似たり寄ったり)(諺)

It is better to **have loved and lost**, than never to **have loved** at all.
- 全然恋をしたことがないより、恋をして失恋した方がよい(諺)

It is misery enough to **have once been** happy.
- むかし幸せであったことは十分に不幸なことだ(諺)

No one **has ever seen** tomorrow.
- いまだかって誰も明日を見たことはない(諺)

No man better knows what good is than he who **has endured** evil.
- 悪に耐えたことのある人以上に善を知る者はいない(諺)

Once **to have been** happy is misery enough.
- かって幸せであったことが十分に不幸なことだ(諺)

What you`ve **never had** you never miss.
- 所有したことないものを惜しむことはない(諺)

You've **never made** a friend if you've **never made** a foe.
- 一人の敵も作らなかったなら、一人の友も作らなかったことになる(諺)

3. 結果

次の諺は、現在完了形が過去の動作、出来事の**現在の結果**を表すものです。

He **has brought up** a bird to pick out his own eyes.
- 彼は自分の目を突っつき抜くような鳥を育ててしまった
(飼い犬に手を噛まれる)(諺)

Nature **has given** us two ears, two eyes, and but one tongue; to the end
We should hear and see more than we speak.
- 自然は我々に二つの耳、二つの目、そしてただ一つの舌を与えて
呉れました、この目的に沿って、我々としては喋る以上に
もっと聞き、見るようにしなければならない(諺)

以下の諺で、現在の結果を示す感触を掴んでください。

Bacchus **has drowned** more men than Neptune.
- ワインの神バッカスの方が海の神ネプチューンよりも
多くの人達を溺死させた(諺)

Every oak **has been** an acorn. - どのオークもドングリだった(諺)

What fortune **has given**, she cannot take away.
- 運命が与えてしまったものを運命は取り上げることは出来ない(諺)

From what **has taken place** we infer what is about to happen.
- 起きてしまったことから、我々は何が起きよう
としているかを推量する(諺)

I won't laugh at another for **having grown** old, for that will assuredly
happen to me.
- 私は、他人を年老いてしまったことで笑いはしない、何故ならそれは
間違いなく私にも起こることだから(諺)

If you **have done** no ill the six days, you may play the seventh.
- もし六日間何も悪事をしなかったら、七日目には遊んでもいい(諺)

If you **have known** one, you **have known** them all.
- 一つを知ったら、その類すべてを知ったことになる(諺)

If you**'ve seen** one, you`**ve seen** them all.
- 一つを見たら、その類すべてを見たことになる(諺)

More **have repented** speech than silence.
- 沈黙したよりしゃべったことを後悔した人の方が多い(諺)

Men understand the worth of blessings only when they **have lost** them.
- 人々は恩恵を失ってしまった時のみ恩恵の価値を理解する(諺)

Surfeit **has killed** more than famine.
- 飢餓よりも食い過ぎの方が多くの人々を殺して来た(諺)

The rope **has never been made** that binds thoughts.
- 思想を縛るロープが作られたことはない(諺)

Wine **has drowned** more men than the sea.
- 海よりも酒の方で溺れて死んだ人々の方が多い(諺)

4. 状態の継続

次の諺は、**状態の継続**を示すものです。 勇敢だとずっと思われて
来た人達が、実は、怖くて逃げなかったからだという意味の表現です。

Some **have been thought** brave because they were afraid to run away.
- 逃げるのが怖かったから勇敢だと思われた人達がいる(諺)

ある状態が発生して、その状態がずっと継続して来たことを表すのが、
現在完了形の使用方法です。 以下の諺の例で感触を掴んでください。

Having been poor is no shame, but being ashamed of it, is.
- 貧乏であったことは恥ではなくて、それを恥じることが恥だ(諺)

He that would know what shall be, must consider what **has been**.
- どうなるかを知りたいものは、何があったかを考えねばならない
(温故知新)(諺)

It is inexcusable to **have remained** long away, and returned empty-
handed. - 長いことずっと不在で、から手で戻ってきたことは
言い訳が立たないことだ(諺)

Leave to concealment what **has long been concealed**.
- 長い間隠されていたことは隠蔽のままにして置け(諺)

Stones **have been known** to move and trees to speak.
- 石は動くもの、木は喋るものと知られて来た(諺)

To have been silent never does harm, but to **have spoken** does.
- ずっと黙っていたことはなんらの害もおよぼさないが、
喋ってしまったことが害をおよぼす(諺)

There's hardly a strife in which a woman **has not been** a prime mover.
- 女が原動力でなかった様な争いは殆どない(諺)

Worth **has been underrated**, ever since wealth **has been overrated**.
- 価値は、富が過大評価されてからずっと軽視されてきた(諺)

意味上の主語　（Sense Subject）

　意味上の主語とは、文法上では、主語ではなくて、**形容詞句**あるいは**副詞句**でありながら、感覚上または意味上で、不定詞あるいは動名詞の主語
となるものを表します。

不定詞の場合

　以下の例に示す様に、不定詞の前に「**前置詞 for＋ 名詞**」の形で置かれたものが意味上の主語となります。

Between a woman's Yes and No, there is no room **for a pin** to go.
- 女のイエスとノーの間にはピン一本入る余地がない(諺)

For the same man to be a heretic and a good subject, is impossible.
- 同一の人間に異端者であると共に良き臣下であれとは不可能なこと(諺)

It is easy **for men** to say one thing and think another.
- 人々があることを云い、別のことを考えるのは易しいことだ(諺)

It is easier **for a camel** to go through the eye of a needle, than for a rich man
to enter into the kingdom of God.
- 金持ちが天国に入るのと較べて、ラクダが針の目の中を
通り抜ける方が容易だ(諺)

It is hard **for an empty bag** to stand upright.
- 空の袋が直立するのは難しい(諺)

It is hard **for a greedy eye** to have a leal (faithful)heart.
- 貪欲な眼が誠実な心を持つことは難しい(諺)

It is natural **for a wise man** to change his opinion; a fool keeps on
changing like the moon.
- 賢人が意見を変えるのは当然であるが、愚者は月の様に変わり続ける(諺)

It is not good **for man** to be alone.　　- 人が一人でいることは良くない(諺)

It is possible **for a ram** to kill a butcher.
- 羊が賭殺人を殺すこともありえる(窮鼠猫を噛む)(諺)

" Must" is **for the king** to say. [or is a king`s word]
-「ねばならね」は王様の言うことである「王様の言葉である」(諺)

Now is the time **for all good men** to come to the aid of their country.
- 今や、すべての善良なる人々が自国の役に立つ為にやって来る時期だ(諺)

She was so hungry she could not stay **for the parson** to say grace.
- 彼女は非常に空腹だったので、教会牧師が
食前のお祈りをするのを待てなかった(諺)

The devil finds work **for idle hands** to do.
- 悪魔は、暇な人がやるべき仕事を見つけてくれる(諺)

The man who is excessively thankful for a favor, is preparing **for
favors** to come.　　- 一つの恵に過度に感謝している人は、更に恵が
やって来るのを準備している(諺)

This world is a ladder **for some** to go up and some down.
- この世は、誰かが上がったり、下りたりする梯子だ(諺)
Where wealth is established it is difficult **for friendship** to find a place.
- 富が出来上がったところでは友情が居場所を見つけるのは困難だ(諺)

　　以上の例は、不定詞または不定詞句の前に「**前置詞 for + 名詞**」の形を
取るケースですが、下記の例は、他動詞の後に、名詞または代名詞が置かれて、
更に後に　「to + 不定詞」または「to なし不定詞」形を取る場合があります。
この形態は、次のパターンで表示できます。

主語	他動詞	目的語の名詞	to 付き不定詞(句)
		or	or
		代名詞の目的格	to なし不定詞(句)

では、実例を挙げて、調べてみましょう。

Advise **none to marry** or **go to war**　　.-誰にも結婚または出征を勧めるな(諺)
Knowledge makes **one laugh**, but wealth makes **one dance**.
- 知識があれば笑うことが出来るしかし金があれば踊ることが出来る(諺)
Let **the chips fall** where they may.
- 木片は落ちるところに落ちさせよ(諺)
Love makes **the world go round**.　　　　- 愛は世界を回らせる(諺)
Money makes **the pot boil**.　　　　- 金は鍋を煮え立たせる(諺)
Never let **the sun go down** on your anger.
- 君の怒りに太陽が沈まないようにしろ(その日の内に静めよ)(諺)
The last drop makes **the cup run over**.
- 最後の一滴がコップをあふれさせる(諺)
You can lead a horse to water, you cannot make **him drink**.
- 馬は水際まで連れて行けるが、水を飲ませることは出来ない(諺)

動名詞の場合

　　動名詞の場合は、下記の形態が動名詞の意味上の主語とする形を取ります。
ただし、主文の主語と動名詞の意味上の主語が同一の時は、こういった所有格や
代名詞の所有格は省略されます。

　　名詞の所有格、
　　代名詞の所有格、
　　代名詞の目的格
　　動名詞の後に付加する「of + 名詞」

Are you not ashamed of **having done** so?

- あなたは自分がそうしたことを恥じていますか

He insisted on **Mary being invited** to the party.

- 彼はそのパーティーにメアリーが招待されることを主張した

His doing things should result in success.   - 彼がやるなら成功する筈だ

I am sure of **his succeeding** in his enterprise.

- 私は彼がその計画で成功することを確信しています

I have no doubt of **your being** able to speak English well.

- 私は、あなたが英語を十分話すことが出来ることに
何らの疑問を持たない

I thank you for **including** me in this party.

- 私をこのパーティの入れてくださったことに感謝します

I was not aware of **his being** such a rich man.

- 私は彼がそんな裕福な人であるとは気付かなかった

One man yawning makes another yawn, too.

- 一人が欠伸をすると別の欠伸を呼び起こす(諺)

One who has a straw tail is always afraid of **its catching** fire.

- 藁の尾っぽを持つ者はいつも尾っぽに火が付くことを恐れる(諺)

One year's seeding makes **seven years` weeding**.

- 一年、雑草の種が地に落ちるのを許すと
七年除草しなければならない(諺)

She is afraid of **going out** alone late at night.

- 彼女は夜遅く一人で外出するのを怖がっている

Talk of angel and you will hear the **fluttering of its wings**.

- 天使のことについて語れば、その翼の羽ばたきがきけるよ(諺)

The desire of appearing clever often prevents **our becoming** so.

- 賢く見えたいという願望はしばしば我々がそうなることを妨げる(諺)

Three helping one another bear the burden of six.

- 三人が助け合えば六人分の荷物が運べる(諺)

You cannot shift an old tree without **it dying**.

- 老木は移植すると死ぬものだ(諺)

Your knowing a thing is nothing, unless another knows you knows it.

- あることを知っていることは何でもない、
他人がそのことを知らない限り(諺)

The + 過去分詞 （単数及び複数の普通名詞また事柄）

Nothing is certain but **the unforeseen**.
- 予見しないもの程確かなものはない(諺)

Nothing is so certain as **the unexpected**.
- 予期しない事程確かなものはない(諺)

The unexpected always happens.　　・予期しないことは常に起きるもの(諺)
The unexpected has happened.　　　　・予期できないことが起こった(諺)
The unknown is explained by what is still more unknown.
- 未知なるものは更にもっと未知なるものによって説明される(諺)

次の様な **the + 過去分詞**の使われ方もあります。

the accused　被告人(たち) (単複両扱い)
the beloved　最愛の人
the conquered　被支配者
the deceased　故人、死者（単複両扱い）
the disabled　身体障害者、傷病兵(複数扱い)
the fallen　戦死者(集合的に)　倒れた人々
the injured　負傷者
the undermentioned　下記の事項(人、物)
the undersigned　下記署名者(単複両扱い)
the wounded　負傷者(集合的に)

The conquered is always wrong.　　　・被征服者は常に間違っている(諺)
The injured never forgets.　It is the offender who forgets.
- 被害者達はけっして忘れない。　忘れるのは違反者達だ(諺)
It is a kindly act to help **the fallen**.
- 倒れた人達を助けるのは情け深い行いだ(諺)

特殊な形容詞と過去分詞の名詞化

定冠詞 the + 形容詞は、形容詞の表す意味の人々や事柄を表すのに使われます。また定冠詞 the + 他動詞の過去分詞も、形容詞の場合と同じ様に動詞の持つ意味の人や事柄を表します。

the + 形容詞 （複数の普通名詞や抽象名詞）

A word to **the wise** is enough.   - 賢者には一言で足りる(諺)
A sneer is the weapon of **the weak**.   - 冷笑は弱者の武器である(諺)
Be good with **the good** and bad with **the bad**.
     - 善人達には良くしろ、悪人達には悪くしろ(諺)
Charity and pride do both feed **the poor**.
     - 慈悲と誇りは両者とも貧者を養う(諺)
Death makes equal **the high and low**.
     - 死は貴賤を問わず平等にする(諺)
Fortune favours **the bold**(**the brave**).   - 幸運は勇者に味方する(諺)
Fortune helps **the daring**, but repulses **the timid**.
     - 幸運は勇敢な人々を助けるが、臆病な人々は拒絶する(諺)
If **the wise** erred not, it would go hard with fools.
     - もし賢者達が間違いをしなかったら、それは愚者達に
     つらいものになろう(諺)
In a just cause **the weak** overecome **the strong**.
     - 公正な訴訟では弱者が強者に打ち勝つ(諺)
It is only **the dead** who do not return.
     - 返しをしないのは死者だけである(諺)
Look for **the old** so as to learn **the new**.
     - 新しいことを学ぶために老人達を探しなさい(諺)
None but **the brave** deserve **the fair**.   - 勇者にあらざれば美人を得ず(諺)
Nothing is easy to **the unwilling**.
     - やる気のない者には何事も容易ではない(諺)
Pardoning **the bad** is injuring **the good**.
     - 悪人達を許すことは善人達を害することである(諺)
Seven hours of sleep is enough for **the young and the aged**.
     - 七時間の睡眠は若者と老人に十分である(諺)
Take **the bitter** with **the sweet**.   - 苦いもの、甘いもの合わせて取れ(諺)
Take **the rough** with **the smooth**.
     - ざらざらしたものとすべすべしたものは合わせて取れ(諺)
Take **the sweet** with **the sour**.
     - 甘いものと酸っぱいものは合わせて取れ(諺)
The absent are always in the wrong.   - 不在者は何時も悪い(諺)
The best is the enemy of **the good**.   - 最善は善の敵である(諺)
The good die young.   - 善人達は若死にする(諺)

The race is not to **the swift**, nor the battle to **the strong**.

- 競走は足の速い者のものではなく、また戦争は
強い者のものでもない(勝負は時の運)(諺)

When the going gets tough, **the tough** get going.

- 事態が厳しい時、強い者は行動に出る(諺)

You have to take **the good** with **the bad**.

- 善と悪とを合わせて取り込まねばならぬ(諺)

次の様な **the +** 形容詞の例もあります。

the almighty   全能者(神)
the beautiful   美しき人々、美
the happy   幸せな人々
the homeless   家なき人々
the super-natural   超自然現象
the true and the beautiful   真実と美   **(truth and beauty)**

動詞変態ルールの一貫性

動詞が、以下に示す様に、様々な形態を取ることは既に学びました。

1. 過去形　　　　2. 過去進行形　　　3. 過去完了形
4. 過去完了進行形　5. 現在形　　　　　6. 現在進行形
7. 現在完了形　　8. 現在完了進行形　9. 未来形
10. 未来進行形　　11. 未来完了形　　　12. 未来完了進行形

更に、これらの動詞の形態が、**能動態**と**受動態**とに変身することも学びました。

これらの変態形が**動名詞**と**不定詞**の形を取る時にも、全く矛盾なく取り込めるルールが確立していることに注目してください。　仮定法の用途にも完了形が使われます。　下記の事例でしっかり習得しましょう。

It is better **to be envied** than **pitied**.
　　　　　　　　　　　　　　- 同情されるより羨まれる方がまし(諺)
It costs more **to do ill** than **to do well**.
　　　　　　　　　　　　- 善を行うより悪を行う方に費用が余計に掛かる(諺)
On a good day good things are **to be spoken**.
　　　　　　　　　　　　　- いい事は良き日に話すべきものである(諺)
The doctor is often more **to be feared** than the disease.
　　　　　　　　　　　- 医者はしばしば病気より恐れるべきところが多い(諺)
To wish to be cured is half way to the cure.
　　　　　　　　　　　- 治して貰いたいと願うことが治療の道半ば(諺)

以下の事例にように、**不定詞及び動名詞に完了形**の形を取ることが可能です。

Having been poor is no shame, but **being ashamed** of it, is.
　　　　　　- 貧しかったことは恥ではなくて、それを恥じることが恥である(諺)
It is better **to have loved and lost** than never **to have loved at all**.
　　　　　- いやしくも愛したことがないよりも、愛して失恋した方がまし(諺)
It is inexcusable to **have remained** long away, and returned empty-
　handed.　　　　　- 長いことずっと不在で、から手で戻ってきたことは
　　　　　　　　　　　　　　　　　言い訳が立たないことだ(諺)
It is misery enough **to have once been happy**.
　　　　　　　　　- かって幸せであったことは、十分に不幸なことだ(諺)

Often **shooting** hits the mark.　　　　　- しばしば打てば的に当たる(諺)
The desire of **appearing** clever often prevents our **becoming** so.
　- 賢く見て貰いたいと思う願いがしばしばそうなることの妨げとなる(諺)

The shame is not in **having** once **been** foolish, but in not **cutting** the folly
　short.　　　　　　- かって愚かであったことは、恥ではなくて、その愚行を
　　　　　　　　　　　　　　　　　　中断しなかったことが恥である(諺)

There is more pleasure in **loving** than in **being loved**.
　　　　　　　　　- 愛されることによりも愛することに喜びは多い(諺)

There is no shame in **keeping** silent if you have nothing to say.
　　　　　- 何も言うべきことがないならば、黙っていることは恥ではない(諺)

To have been silent never does harm, but **to have spoken** does.
　　　　　- 黙っていたことは何も害を為さないが、喋ってしまったことが
　　　　　　　　　　　　　　　　　　　害をなすのだ(諺)

I could not have wished for more.
　　　　　- 私としては、もっと多くを欲することは出来なかったでしょう(諺)

Many a man **would have been worse** if his estate **had been better**.
　　　　　　　- 多くの人達は、その財産がもっと良かったら、
　　　　　　　　　　　　　　　一層悪くなっていたろう(諺)

You **should have seen** the fish that got away.
　　　　　- 逃がした魚を見てほしかった （逃がした魚は大きい)(諺)

現在進行形(含過去及び未来)

現在進行形は、次の形で、動作が進行中であることを表すことは既に
学びました。

| BE 動詞 | + | 現在分詞 |

Don't believe your enemy even when he's **telling** the truth.
- 敵が真実を話している最中でも、敵を信じるな(諺)

The man who **is being carried** does not realize
how far away the town is.
- 運ばれている最中の本人は、町がどんなに遠くなっているか
判らない(諺)

(未来進行形)

Beware of the man who kisses your child ; he'll **be kissing** your wife
in due time.
- 君の子供にキスする男には気をつけよ、いづれそのうち
君の妻にキスすることになってるよ(諺)

When the chimney smokes, the meal **is being cooked**.
- 煙突が煙を出している時は、食事が料理されている(諺)

It is commonly known that the absent knows by a ringing
in their ears that they are **being talked about**.
- 一般的に知られていることだが、不在者達は、その耳鳴りで、
自分のことが喋られている最中だということを知る(諺)

Don't swap horses when **crossing** the stream.
- 川を渡っている時は、鞍替えするな(諺)
(crossing の前に you are が省略されています)

現在完了 (Present Participle Tense)

　動詞には、**現在形、過去形、過去分詞形、現在分詞形**があることは既に学んでいます。　単なる過去形以外に、助動詞 Have と過去分詞とを組み合わせて、現在完了という形態があります。　過去形と現在完了形の違いは何か、あるいは何故かを考えてみましょう。

　時制の頁に示した図を簡略化したのが下記のものです。　動詞の過去形が、単純にある過去の一時点での行為・出来事を表すのに、現在完了形は、**ある過去の一時点での行為・出来事が尾を引いて、現在にまで及んでいる**というのが基本の概念です。　下図により、この概念をしっかり把握してください。

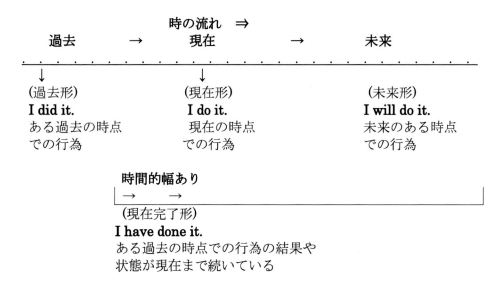

　日本語には見られない「現在完了」の用法には、次の四つの大切な機能があることが知られています。

　　5.　行為、動作、状態の**完了**　（…してしまっている）
　　6.　現在までの**経験**　（…したことがある）
　　7.　過去の動作、出来事の現在の**結果**　（…して…になっている）
　　8.　現在までの状態の**継続**　（引き続き…している）

　それぞれのケースについて事例を調べてみましょう。

1.　行為の完了

　次の諺は、真に微笑ましい情景を想起させます。　目の前にいる子供達が、いつもと違って、おとなしくしているので、おかしいなと思ったら、既に何か不都合なことをやって仕舞っているという文章です。

When children stand quiet, they **have done** some ill.
- 子供達がおとなしくしているときは、既に何か悪いことを
しでかして仕舞っている(諺)

行為の完了という感触を掴んだら、以下の諺を、同じ感触で読み下して
ください。

Don't judge a man until you **have walked** a mile in his boots.
- 人の判断は、その人のブーツで一マイル歩く迄はするな(諺)

He **has sold** a bean and bought a pea.
- インゲン豆を売ってえんどう豆を買った(価値あるものを
手放してくだらぬものを手にいれる)(諺)

Having mastered the lesser difficulties, you will more safely venture
on greater achievements.
- 小さな難事をマスターしたので、より大きな達成に向かって
一層安全に立ち向かえることになる(諺)

If I've told you once, I've told you a thousand times.
- 一度言ったら、千回言ったことだ(人の言うこと聞かない)(諺)

It is too late to lock the stable when the horse **has been stolen**.
- 馬が盗まれてしまってから、馬小屋に施錠するのは遅すぎる(諺)

No man **has** ever yet thoroughly **mastered** the knowledge of himself.
- 誰もいまだかって自分自身についての知識を
徹底的に習得した人はいない(諺)

No matter how far you **have gone** on a wrong road, turn back.
- 間違った道をどんなに遠くまで行ったとしても、戻れ(諺)

Men understand the worth of blessings only when they **have lost** them.
- 人は天の恵みの価値を理解するのは、それを失ってしまった時だけだ(諺)

Only after you **have crossed** the river can you ridicule the crocodile.
川を渡ってしまった後でのみ、鰐をあざけることが出来る(諺)

The arrow that **has left** the bow never returns.
- 弓から離れてしまった矢はけっして元に戻らない(諺)

The cow knows not what her tail is worth till she **has lost** it.
- 牛は尻尾を失うまでは、尻尾の価値がなんであるかを知らない(諺)

The nurse is valued till the child **has done** sucking.
- 乳母が大切にされるのは子供がおしゃぶりを済ませるまでである(諺)

What **has happened** once can happen again.
- 一度起きたことは、再度起きるものだ(諺)

2. 経験

次の諺に使われている現在完了形は、蛇に噛まれたという経験を明確に
表すものです。

He that **has been bitten** by a serpent is afraid of a rope.
- 蛇にかまれたものは縄を恐れる(諺)

　　下記の諺を読み下して、**現在完了の経験**を表す感触をしっかり掴んでください。

A dog which **has been beaten** with a stick is afraid of its shadow.
- ステッキで打たれたことのある犬は、ステッキの陰を恐れる(諺)
He who **has once used** deception will deceive again.
- 一度ごまかしをした者は再度ごまかしをするもの(諺)
If you **have seen** one, you`ve seen `em all.
- 一つ見たら、全部見たのと同じ(どれも似たり寄ったり)(諺)
It is better to **have loved and lost**, than never to **have loved** at all.
- 全然恋をしたことがないより、恋をして失恋した方がよい(諺)
It is misery enough to **have once been** happy.
- むかし幸せであったことは十分に不幸なことだ(諺)
No one **has ever seen** tomorrow.
- いまだかって誰も明日を見たことはない(諺)
No man better knows what good is than he who **has endured** evil.
- 悪に耐えたことのある人以上に善を知る者はいない(諺)
Once **to have been** happy is misery enough.
- かって幸せであったことが十分に不幸なことだ (諺)
What you've **never had** you never miss.
- 所有したことないものを惜しむことはない(諺)
You've **never made** a friend if you`ve **never made** a foe.
- 一人の敵も作らなかったなら、一人の友も作らなかったことになる(諺)

3.　結果

　　次の諺は、現在完了形が過去の動作、出来事の**現在の結果**を表すものです。

He **has brought up** a bird to pick out his own eyes.
- 彼は自分の目を突っつき抜くような鳥を育ててしまった
(飼い犬に手を噛まれる)(諺)
Nature **has given** us two ears, two eyes, and but one tongue; to the end
　We should hear and see more than we speak.
- 自然は我々に二つの耳、二つの目、そしてただ一つの舌を与えて
呉れました、この目的に沿って、我々としては喋る以上に
もっと聞き、見るようにしなければならない(諺)

　　以下の諺で、現在の結果を示す感触を掴んでください。

Bacchus **has drowned** more men than Neptune.
- ワインの神バッカスの方が海の神ネプチューンよりも
多くの人達を溺死させた(諺)

Every oak **has been** an acorn. - どのオークもドングリだった(諺)

What fortune **has given**, she cannot take away.
- 運命が与えてしまったものを運命は取り上げることは出来ない(諺)

From what **has taken place** we infer what is about to happen.
- 起きてしまったことから、我々は何が起きよう
としているかを推量する(諺)

I won't laugh at another for **having grown** old, for that will assuredly
happen to me.
私は、他人を年老いてしまったことで笑いはしない、何故ならそれは
間違いなく私にも起こることだから(諺)

If you **have done** no ill the six days, you may play the seventh.
- もし六日間何も悪事をしなかったら、七日目には遊んでもいい(諺)

If you **have known** one, you **have known** them all.
- 一つを知ったら、その類すべてを知ったことになる(諺)

If you**'ve seen** one, you**'ve seen** them all.
- 一つを見たら、その類すべてを見たことになる(諺)

More **have repented** speech than silence.
- 沈黙したよりしゃべったことを後悔した人の方が多い(諺)

Men understand the worth of blessings only when they **have lost** them.
- 人々は恩恵を失ってしまった時のみ恩恵の価値を理解する(諺)

Surfeit **has killed** more than famine.
- 飢餓よりも食い過ぎの方が多くの人々を殺して来た(諺)

The rope **has never been made** that binds thoughts.
- 思想を縛るロープが作られたことはない(諺)

Wine **has drowned** more men than the sea.
- 海よりも酒の方で溺れて死んだ人々の方が多い(諺)

4. 状態の継続

　次の諺は、**状態の継続**を示すものです。　勇敢だとずっと思われて来た人達
が、実は、怖くて逃げなかったからだという意味の表現です。

Some **have been thought** brave because they were afraid to run away.
- 逃げるのが怖かったから勇敢だと思われた人達がいる(諺)

　ある状態が発生して、その状態がずっと継続して来たことを表すのが、
現在完了形の使用方法です。　以下の諺の例で感触を掴んでください。

Having been poor is no shame, but being ashamed of it, is.

- 貧乏であったことは恥ではなくて、それを恥じることが恥だ(諺)

He that would know what shall be, must consider what **has been**.

- どうなるかを知りたいものは、何があったかを考えねば
ならない(温故知新)(諺)

It is inexcusable to **have remained** long away, and returned empty-
handed. 　　　　　　　- 長いことずっと不在で、から手で戻ってきたことは
言い訳が立たないことだ(諺)

Leave to concealment what **has long been concealed**.

- 長い間隠されていたことは隠蔽のままにして置け(諺)

Stones **have been known** to move and trees to speak.

- 石は動くもの、木は喋るものと知られて来た(諺)

To have been silent never does harm, but to **have spoken** does.

- ずっと黙っていたことはなんらの害もおよぼさないが、
喋ってしまったことが害をおよぼす(諺)

There's hardly a strife in which a woman **has not been** a prime mover.

- 女が原動力でなかった様な争いは殆どない(諺)

Worth **has been underrated**, ever since wealth **has been overrated**.

- 価値は、富が過大評価されてからずっと軽視されてきた(諺)

動名詞と慣用動名詞句 (Idiomatic Phrases)

　動名詞には、以下に示す様に、多数の慣用表現があります。　色々な語法に早く馴染むようにしてください。

came near ...ing	あやうく...するところだった
cannot help ....ing	...せざるを得ない
feel like ....ing	...したい気がする
how about ...ing?	...するのはどうですか
it is no ....ing	...することは出来ない
it is no use ...ing	...することは無駄である
it goes without saying that	...ということは言うまでもない
There is no ...ing	...することは出来ない
is worth ...ing	...する価値がある
is worth while ...ing	...する価値がある
look forward to ...ing	...するのを期待している
make a point of ... ing	きまって...する
mind...ing	...することが気になる
on ...ing	...すると直ちに
on the point of ...ing	...するところで
prevent one from ...ing	...することを阻む
cannot ... without ....ing	...することなく、...出来ない
What do you say to ...ing	...するのはどうですか

She **came near to** drowning.　　　　　- 彼女はあやうく溺れるところだった

I **look forward to meeting** your father.
　　　　　　　　　　- 貴君の父にお会いするのを期待している

I **make a point of breathing** deeply when I exercise.
　　　　　　　　- 運動する時はいつも深呼吸することにしている

I **couldn't help laughing** at him.　　- 私は彼を見て笑わざるを得なかった

I **cannot help admiring** his courage.　　- 彼の勇気賞賛せざるを得ない

I **can't help thinking** that he is still alive.
　　　　　　- 私は彼はまだ生きていると思わざるを得ません

I don't much **feel like working** these days.
　　　　　　　- このところあまり仕事に気乗りがしない

It goes without saying that the proposal will not be accepted.
　　　　　- その提案が採用されないことは言うまでもないことだ

It is no meddling with short daggers.
　　　　　　　　- 短剣を帯びた支配層とは争えない(諺)

It's no use crying over spilled milk.
　　　　　　- こぼれたミルクを嘆いても駄目(覆水盆に返らず)(諺)

There is no accounting for tastes.
　　　　- 趣味については説明出来ない(蓼食う虫も好き好き)(諺)

There is no curing a grief concealed.

- 隠された悲しみは慰めようがない(諺)

There is no disputing about tastes.

- 趣味について口論することは出来ない(諺)

There is no flying from fate.　- 運命から逃れることは出来ない(諺)

There is no living in love without suffering.

- 悩むことなく恋に生きることは出来ない(諺)

There is no living without friends.

- 友達なしに生きることは出来ない(諺)

There is no retracing our steps.

- 来た道をあと戻りすることは出来ない(諺)

If a job's **worth doing**, it's **worth doing** well.

- いやしくもやる価値のある仕事は、よくやる価値がある(諺)

That which is **worth taking** is **worth returning**.

- 取り上げる価値のあるものは返却する価値がある(諺)

Whatever is **worth doing** at all is **worth doing** well.

- いやしくも行う価値のあるものは何事も立派に行う価値がある(諺)

On arriving in London I went to the British Museum.

- ロンドンに着くとすぐ大英博物館へ行った

The boy was **on the point of drowning** when the rescue arrived.

- 救助隊が到着した時少年は今にも溺れるところだった

The storm **prevented** us **from arriving** on time.

- 嵐のために定刻に到着できなかった

You can**not** make an omelette **without breaking** eggs.

- オムレツを作るには卵を割らねばならない(諺)

分詞構文 (Participial Construction)

分詞構文とは，主文と従属文の二つで成り立つ文章があって、従属文の中の**接続詞と主語とを取り除き、動詞の部分を現在分詞にする**ことで、作られる語法のことです。　実例で示しましょう。

As you have mastered the lesser difficulties, you will more safely
venture on greater achievements.
- 小さな難事をマスターしたので、より大きな達成に向かって
一層安全に立ち向かえることになる(諺)

上記の構文を次の様に書き換えることが出来ます。

Having mastered the lesser difficulties, you will more safely venture
on greater achievements.

接続詞の **As** と主語の **you** とを取り除いて、代わりに、現在完了の部分を現在分詞化することで、分詞構文と呼ばれる文体を作りだすのです。

この事例では、たまたま主文と従属文の主語が you で同一なので、省略された訳ですが、主文と従属文の主語が異なる場合は、次の様に、そのまま主語は残して、接続詞を取り除いて、動詞の部分を現在分詞にすることで、分詞構文が完成します。

If sound travels far and wide, a stormy day will betide.
- 音が遠くかつ広く伝わると、荒天の日がやってくる(諺)
↓
Sound **travelling** far and wide, a stormy day will betide.

では、色々な事例を調べてみましょう。

Admiring other`s lots, we hate our own.
(Although we admire other`s lots, we hate our own.)
- 他人の運命を賛美しながら、自分自身の運命を嫌う(諺)
Associating with the bad, you yourself will become bad.
(If you associate with the bad, you yourself will become bad.)
- 悪い人達と交わると、君自身悪くなる(諺)
Being on sea, sail; **being** on land, settle.
(When you are on sea, sail; when you are on land, settle)
- 海上では航行せよ、陸上では定住せよ(諺)
Flying from the bull, he fell into the river.
(As he flew from the bull, he fell into the river.)
- 野牛から逃れたので、彼は河の中へ落ちた(諺)

91

Having seen animals alive, one cannot bear to see them die; **having heard** their dying cries, one cannot bear to eat their flesh.

(After one have seen animals alive, one cannot bear to see them die; after one have heard their dying cries, one cannot bear to eat their flesh.)

動物が生きているのを見たので、彼等が死ぬのを見るのは耐えがたい、
彼等の死声を聞いたので、その肉を食べるのは耐えがたい(諺)

Light burdens, **long borne**, grow heavy.

(Light burdens if they are long borne, grow heavy.)

- 軽い荷物も長く持つと重くなる(諺)

Love, **being jealous**, makes a good eye look asquint.

(Love as it is jealous, make a good eye look asquint.)

- 恋は嫉妬深いので、正常な目を斜視にさせる(諺)

The poor, **wishing** to imitate the powerful, perish.

(The poor while they wish to imitate the powerful, perish.)

- 貧乏人達は、勢力のある人達を真似たいと思いながら死ぬ(諺)

Three, **helping** one another, bear the burden of six.

(Three if they help one another bear the burden of six.).

- 三人は、お互いに助け合えば六人の荷物を担う(諺)

　以下の例は、分詞構文が一般化して、慣用句的に用いられる、色々な**副詞句**です。　殆どの辞書に引用文が記載されています。

Frankly speaking,	正直に言うと、
Generally speaking,	一般的に言って、
Relatively speaking,	相対的に言うと
Roughly speaking,	大ざっぱに言うと、
Strictly speaking,	厳密に言うと、

元の形の完全な文章は、

If we frankly (generally, relatively, roughly, strictly) speak,

であり、if we を取り去り、動詞の部分を現在形から、現在分詞形に変えたことで成立するものです。

Frankly speaking, I don`t think we have a chance.

- 正直言って、我々にチャンスありとは思わない

Generally speaking, Japanese are hard workers.

- 一般的に言って、日本人は勤勉な働き手だ

Relatively speaking, the venture was a success.

- 相対的に言って、その試みは成功だった

Roughly speaking, there are two possibilities.
- おおざっぱに言って、二つの可能性が存在する

Strictly speaking, England is not "Eikoku".
- 厳密に言って、イングランドは英国ではない

次の様な用語も分詞構文に使われます。

Admitting, Assuming, Considering, Granting that, Judging from, Providing that (Provided that), Seeing that, Supposing that, Talking of, Taking …into consideration, Weather permitting

But, **assuming** agreement can be reached on worker participation, what about the other share holders?
- 労働者の参加について合意に達することが出来ると仮定して、他の株主達についてはどうですか

Considering that he received no help, his results are very good.
- 彼が何らの援助を受けなかったと考えても、彼の結果は非常に良好だった

Granting that childhood is playhood, how do we adults generally react to this fact.
- 幼年時代は遊び心だとすれば、我々大人は一般的にこの事実に対してどんな具合に反応しますか

Judging from the findings of the research, this animal is immune to many diseases.
- この調査の発見事項から判断して、この動物は多くの病気に対して免疫がある

She was prepared to come, **provided that** she might bring her daughter.
- 彼女が娘を連れて来ると仮定して、彼女は来る準備が出来ていた

Seeing that you `re the guest on this little trip, you can decide where we`re going.
- 君がこのささやかな旅行のゲストであることから、我々が何処へ行くかは君が決めることが出来る

Supposing something should go wrong, what would you do then?
- 何かが具合悪くなると考えて、さて君は何をしますか

Talking of marriage, did you know that Jill`s getting married again.
- 結婚と云うと、ジルが再婚しようとしていることを知っていましたか

Taking all these facts **into consideration**, I am induced to believe that he is innocent.
- これらすべての事実を考慮に入れて、私は彼が潔白だと信じたい気持ちです

Why shouldn`t we use the garden **weather permtting?**
- 天気が許せば、庭を使用してもいけないですか

能動態と受動態 （Active & Passive Voices）

　動詞の型に**自動詞**と**他動詞**の二種類があり、自動詞は目的語を取らず、他動詞は必ず**目的語**を伴うものであることを学びました。　また、自動詞は前置詞を付加することで、他動詞と同じ機能を得る、即ち他動詞に変換出来る仕組みがあります。　日本語では、「主格が目的格を・・・ する」から「目的格が主格によって・・・**される**」の形で訳出されるものです。　よく言われるのは、主語が「**受け身**」の形になるケースです。

　まず、簡単な例文を用いて、**能動態**の文章を**受動態**の文章に変換することを示します。

A golden key opens every door.　　　　- 黄金の鍵はどんな扉でも開ける(諺)

　この英文の主語は、A golden key で、動詞の opens は他動詞で、every door が目的語です。この形の動詞の使い方を**能動態**と呼びます。　態とは態度、変態などの単語に使われる「**すがた**」の意味です。　能動とは積極的に他に働きかけることを表します。　従って、能動態とは、主語自身の積極的な動作・作用を表す形態のことです。　能動態の反対が**受動態**です。　今度は、受動態の形にこの英文を変換してみましょう。

Every door is opened by a golden key.

　　　　　　　　　　　　　　　　- どんな扉も黄金の鍵でも開けられる

　目的語であった every door が主語になり、Be 動詞を用いた上で、動詞 open を過去分詞に変えています。　それに、主語であった a golden key の前に前置詞 By を置いて、行為者を示し、副詞句を形成しています。

　上記のことを、最もシンプルに図式化すると、以下の様になります。　他動詞の目的語であったものを、主語にして、動詞を Be 動詞+過去分詞に変更し、主語であった名詞の前に前置詞 By を付けて、動詞の行為者とするやり方です。

　以上が能動態の文を受動態の文に変換する基本ルールで、非常にシンプルです。

別の英文で、このことを確かめてみましょう。　次の例文では、**You** が主語で、**make** という他動詞は **an omelet** を目的語としています。(without breaking eggs は副詞句)

You cannot make an omelet without breaking eggs.

- 卵を割らずにオムレツは作れない(諺)

次の例文は、同じ意味の諺ですが、目的語であった **Omelet** が主語の位置に置かれています。　助動詞の **cannot** はそのままにして、本動詞の **make** は、**Be** 動詞を加えて、**make** を過去分詞 **made** の形に変えています。

Omelets cannot be made without breaking eggs.
- 卵を割らずにオムレツは作れない(諺)

上記の文は、直訳すると、オムレツは、卵を割ることなく、作られることはあり得ないになります。　この文は、もっと完全な英文にすると、

Omelets cannot be made (by you) without breaking eggs.

となりますが、行為者を表す **by you** は省略することが可能です。　このことは後で説明します。

能動態を受動態に変換する時注意すべきルールを示します。

1. **主語**と**目的語**を取りかえるので、動詞は、目的語から主語になる単語の単数・複数に一致すること。
2. 動詞の時制(Tense)は、元の**能動態の時制と一致**すること。
3. 動詞は、必ず **be+過去分詞**に変更すること。
4. 元の能動態の主語が、**We, You, They, People** 等、漠然とした意味の場合は、受動態にした時、by us, by you, by them, by people の副詞句を省略することが出来ます。　文体が変わったことで、行為者を強調する意味が失われるからです。　強調すべき主体が目的語から主語に変わった単語に移ったからです。このことは、逆に、受動態を元の能動態に戻す時には、再度こういった漠然とした行為者を復元しなければなりません。
5. 直接目的語と間接目的語の二つの目的語を取る動詞の場合は、それぞれの目的語を、主主に持って来て、受動態にすることは可能です。

目的語を取らない自動詞は、受動態に変換できませんが、ある種の自動詞は、前置詞と組み合わせで、他動詞の機能を持たせ、受動態にすることが出来ます。次の例がこういった自働詞です。

laugh at　　look over　　run over　　send for

He **is** not **laughed at** that laughs at himself.
　　　　　　　　　　　　　- おのれを笑う者は人から笑われない(諺)
A garden must **be looked unto** and dressed as the body.
　　　　- 庭園は人体のように世話して刈り込みをしなければならない(諺)

If a man live not well he **will** soon enough **be spoken ill of.**
　　　- 人が立派な生活をしなければ、たちまち悪口を言われるであろう(諺)
It is the lot of a king to do well but to **be ill spoken of.**
　　　- 王の巡り合わせは, いい事をすることだが、悪くも言われるもの(諺)
The child **was taken good care of** by them.
　　　　　　　　　　- その子は、彼等によってきちんと世話された
Speak when you **are spoken to.**　　　- 話しかけられたら、話せ(諺)
Nothing is to **be presumed on**, or **despaired of.**
　　　- 何事も推測すべきものではなく、また絶望すべきものではない(諺)
Better **be born lucky** than wise.
　　　　　　　　- 賢く生まれるよりも幸運に生まれた方がいい(諺)

また、命令形の文を受動態にするには、**Let** を用います。

Do this at once.　→　Let this **be done** at once.
　　　　　　　　　　　　　　　- これは直ちに行いなさい

Take this letter to Mr. So-and-so.
　　　　→　　Let this letter **be taken** to Mr. So-and-so.
　　　　　　　　　　　- この手紙は, 何某さんに届けなさい

何故か、英語表現には、次の様な**喜怒哀楽**を表す動詞と、その他特殊な動詞は、必ず受動態の形で使われるものがあります。

He is amated and **amazed**.　　　　　- 彼はびっくり仰天した(諺)

Never **be ashamed** to eat your meat.
　　　　　　　　　　　- 自分の食べ物を食べるのに恥じるな(諺)
If you **be** not **pleased**, put your hand in pocket and please yourself.
　　　- 満足しないなら、ポケットに手を入れてを自己満足しなさい(諺)
He that has nothing **is frightened** at nothing.
　　　　　- 何も持っていない者には怖い物はなにもない(諺)

I have lived too near the woods to **be scared** by owls.

・フクロウに驚かされる程森の近くに住み続けた(諺)

A man **surprised** is half taken.

・不意打ちされた者は半ば捕らえられたのに等しい(諺)

また、何故か、「溺れる」という言葉は、必ず次の形を取ります。

Good swimmers at length **are drowned**.

・水泳の達者な人も最後には溺れる(諺)

The best swimmer sometimes **gets drowned**.

・泳ぎ手の最もうまい者でも時には溺れる(河童の川流れ)(諺)

　　以上を要約すると、能動態の文を受動態の文に変換することは、目的語であったものを主語に置き、その動詞を、主語に合致する Be 動詞に変えて、元の本動詞を過去分詞にすることにより、成立します。　元の主語は前置詞 By を付けて、行為者を表すことになります。

　　以下に、色々な形の受動態の文例を示します。否定の副詞を伴ったもの、色々な助動詞、**can, cannot, may, may not, must, will, would, shall, should** 等を含んだもの、あるいは**不定詞**や**現在完了**を含んだものもありますので、この様なバリエーションに慣れてください。

　通常は、Be 動詞 + 過去分詞の形で、受動態が作られますが、Be 動詞の代わりに、**Get + 過去分詞**の形を取ることがあります。　意味に変わりはありませんが、状態移行のニュアンスを強くするものです。

If you play with fire you **get burned**.　　・火をもてあそぶと、火傷する(諺)

A stake that stick out **gets** hammered down.　　・出る杭は打たれる(諺)

The best swimmer sometimes **gets** drowned.

・泳ぎ手の最もうまい者でも時には溺れる(河童の川流れ)(諺)

Advice **is judged** by results, not by intentions.

・アドバイスは、その意図でなくて、結果によって判定される(諺)

A bird cries too late when it **is taken**.

・鳥は捕らえられてから泣いても遅すぎる(諺)

A clear water is avoided by fish.

・魚は清い流れを避ける(水清ければ魚棲まず)(諺)

A constant guest **is never welcome**.　　・いつも来る客は歓迎されない(諺)

A gift **is valued** by the mind of the giver.

・贈りものは、贈り主の心で評価される(諺)

A man **is known** by the company he keeps.

・人は、その人が付き合うものによって知れる(諺)

Advice when most needed **is least heeded**.

・忠告は、最も必要とされる時、最も聞かれない(諺)

Children **should be seen**, and not **heard**.
- 子供達は見て貰うべきものであって、おしゃべりぶりを
聞かされるべきものではない(諺)

Do to others what you **would be done** by.
- 他人に対しては、自分がして貰いたいことをしなさい(諺)

Grief **is lessened** when imparted to others.
- 悲しみは、他人打ち明けると軽減する(諺)

Health **is not valued** till sickness comes.
- 健康は病が来るまでは、有り難がられない(諺)

Love speaks, even when the lips **are closed**.
Nature **is conquered** by obeying her.
- 唇を閉じていても、恋は語るもの(諺)

Many a true word **is spoken** in jest.
- 多くの真実の言葉は冗談で話される(諺)

Nature **is conquered** by obeying her.
- 自然は、それに従うことによって征服する(諺)

Nothing costs so much as what **is given** us.
- 貰いもの程高くつくものはない(諺)

Old birds **are** not **caught** with chaff.
- もみがらで老鳥はとれない (一筋なわではゆかぬ)(諺)

Rome **was not built** in a day.
- ローマは一日にしてならず(諺)

The moon **is not seen** where the sun shines.
- 太陽が輝いているところでは、月は見えない(諺)

Vows made in storms **are forgotten** in calms.
- あらしの時になされた誓いは凪の日には忘れられる
(のどもと過ぎれば熱さを忘れる)(諺)

What **is known** to three **is known** to everybody.
- 三人に知られたことは、あらゆる人に知られている(諺)

What **is learned** in the cradle **is carried** to the grave.
- 揺りかごで学んだことは墓まで持って行かれる(諺)

When shared, joy **is doubled** and sorrow halved.
- 喜びは、分かち合うと、倍増し、悲しみは半減する(諺)

What costs little **is little esteemed**.
- 費用のかからぬものは、殆ど尊重されない(諺)

Some **have been thought** brave because they were afraid to run away.
- 逃げるのが怖かったので、勇敢だと思われた人達がいる(諺)

It is too late to lock the sable when the horse **has been stolen**.
- 馬が盗まれてから、馬小屋に鍵をつけるのは遅すぎる(諺)

Love and a cough **cannot be hid**.   - 恋と咳は隠すことが出来ない(諺)

Never put off till tomorrow what **can be done** today.
- 今日出来ることを明日まで延ばすな(諺)

Things past **cannot be recalled**.
- 過ぎ去ったことは、呼びもどすことは出来ない(諺)

What is done **cannot be undone**.

- なされたものは、元通りには出来ない(諺)

There is nothing so secret but it **may be discovered**.

- どんな秘密のものでも、見つかるものだ(諺)

What **may be done** at any time **is done** at no time.

- いつでも出来ることは、いつも為されない(諺)

All truths **must not be told**.　- すべての真実を告げてはならない(諺)

Nothing **should be done** in haste but gripping a flea.

- ノミを捕らえる以外、どんなことも急いでしてはならない(諺)

Children **should be seen and not heard**.

- 子供は見るものであって、その話を聞くものではない(諺)

An old dog **will not be led** in a string(chain).

- 老犬は、ひもでは導かれない(一筋縄でいかぬ)(諺)

The fish **will soon be caught** that nibbles at every bait.

- あらゆる餌をかじる魚は直ぐに捕まる(諺)

Every misfortune is **to be subdued** by patience.

- すべての不運は、忍耐によって、抑圧しなければならない(諺)

Rules **are made to be broken**.　- ルールは、破られる為に作られている(諺)

行為者の省略と特例

　上記の諺でわかる様に、殆どの場合、前置詞で先導された行為者は、特別の理由がない限り省略されています。　こういった省略が行われるのは、次のケースです。

1. 主語が不明であるか、表示するほど重要でない。
2. 主語を明示しないで、隠して置きたい。
3. その他、特別の理由で表示したくない。

The wolf **is** always **said** to be more terrible than he is.

- 狼は、実際にそうである以上に恐ろしいものと常に云われている(諺)

It **is said** of old **that** woman`s counsel is fatal counsel.

- 昔から女の助言は致命的なものだといわれる(諺)

　また、以下の例に示す様に、動詞によっては、前置詞 **by** の代わりに **to**、**at** または **with** が使われることがあります。　元来は、動詞の過去分詞であったものが形容詞化したものと考えるられます。

Every man is best **known to** himself.

- 自分を一番知っているのは自分である(諺)

He was greatly **surprised at** the news.

- 彼はそのニュースに大いに驚いた

I became **interested in** old maps.

・私は古い地図に興味を持つようになった

Life is a fortress **unknown to** all of us.

・人生は我々すべてに対して知られざる砦である(諺)

Time and hour **are** not **tied** with a rope.

・時刻と時間はロープでつなぎ止められない(諺)

What is **known to** three is **known to** everybody.

・三人に知れていることは誰にも知れている(諺)

仮定法（Subjunctive Mood）

　法(Mood)といえば、何となく難しいと思わせる言葉に聞こえますが、動詞(助動詞も含む)がその機能を表すのに取る三つの形態のことです。　次の三種類の文章の形で現れます。

直接法（Indicative Mood）
　　　　　過去、現在、未来の事実や状況を、そのまま述べる動詞の形態で、極く一般的に使われる文体です。

命令法（Imperative Mood）
　　　　　話者が相手に対して、命令の形で使用する動詞の形態です。
　　　　　常に動詞の原形が使われます。

仮定法（Subjunctive Mood）
　　　　　過去のことであれ、現在のことであれ、あるいは未来のことであれ、実際の事実とは異なる、逆の状況を想定して、「仮定、願望、後悔」などを表す時に使用する動詞の形態です。

　仮定法は、事実と逆の状況を想定する時点によって、次の四種類の形態があります。

1. **仮定法過去完了**　（過去の事実と反対の想像、想定）
2. **仮定法過去**　　　（現在の事実と反対の想像、想定）
3. **仮定法現在**　　　（ある事柄を事実でなくて、仮定、想像、願望として述べる）
4. **仮定法未来**　　　（現在、未来でありそうもないことを述べる）

仮定法	事柄の内容	条件節	帰結節
過去完了	過去の事実に反すること	過去完了	過去形助動詞 ＋　完了形
過去	現在の事実に反すること	過去形	過去形助動詞 ＋　原形
現在	現在・未来の不確実なこと	現在形	will / shall ＋ 原形、現在形
未来	実現困難な未来の事柄	Should ＋ 原形 Were to ＋ 原形	過去形助動詞 ＋ 原形

仮定法過去完了

「もし・・・だったら、・・・だったろう」、が事実は、そうでなかったから、そうはならなかったという想像のケースです。

If your mother **had not lost** her virginity, you **would not have been** born.
　　　　　　　　　　　　　　　　　　　　- もし君の母が純潔を失わなかったら、
　　　　　　　　　　　　　　　　　　　　　　　君は生まれなかっただろう(諺)

　お母さんが純潔を失ったから、君が生まれたのだ。　条件文の if の中に過去完了形を用い、本文の方には、助動詞 will を現在完了形に付けて、過去形にするやり方です。

If my aunt **had been** a man, she**'d have been** my uncle.
　　　　　　　　　　　　- 叔母が男だったら、彼女は伯父になっていたろう(諺)

　この例は、叔母さんは男でないから、伯父さんにはならなかったという意味です。　（滑稽な推測をする人をからかって用いるとのことです)

I **could not have wished** for more.
　　　　　　- 私としては、もっと多くを欲することは出来なかったでしょう(諺)
If God **wanted** us to smoke, he **would have given** us chimneys.
　　　　　　　- 我々が喫煙するのを神が欲していたら、我々に煙突を与えて
　　　　　　　　　　　　　　　　　　　　　　下さったことでしょう(諺)
Many a man **would have been worse** if his estate **had been better**.
　　　　　　　　　- 多くの人達は、その財産がもっと良かったら、
　　　　　　　　　　　　　　　一層悪くなっていたろう(諺)
You **should have seen** the fish that got away.
　　　　　　　- 逃がした魚を見てほしかった　（逃がした魚は大きい）(諺)

仮定法過去

　現在の事実に反することを述べる仮定法過去は、「もし・・・だとしたら、・・・だろう」がしかし現実はそうでないというケースに使われます。

A rose by any other name **would smell** as sweet.
　　　　　　- バラは、別の名前を使っても、同じ様にいい香りがするだろう(諺)
Even if words **were** jewels, silence **would be** preferable.
　　　　　　　- 言葉は宝石だとしても、沈黙の方が望ましいものだろう(諺)
If each **would sweep** before the door, we **should have** a clean city.
　　　　　　- 各人が戸口の前を掃除すれば、きれいな街をもつことになろう(諺)
If better **were** within, better **would come out**.
　　　　　　- もしより良きものが中にあったら、より良きものが出てこよう(諺)

103

If envy **were** a fever, all mankind **would be** ill.
- もし羨望が熱病だったら、すべての人類は病気になっていたろう(諺)

If fools **went** not to market, bad wares **would not be sold**.
- もし愚者達が市場に行かなかったら、安物は売れなかったろう(諺)

If our foresight **were** as good as our hindsight we **would never make** mistakes.
- 我々の先見の明が後知恵と同じ様にいいものであればミスを犯すことはなかろう(諺)

If great men **would have** care of little ones, both **would last** long.
- もし大物が小物の世話をしようとしたら、両方が長持ちするだろう(諺)

If **it were** a bear(or wolf) it **would** bite you.
- それが熊だったら、君に噛みつくであろう(目の前に探しものがあるのに盛んに探している人に対して)(諺)

If **the beard were all**, the goat **might preach**.
- もし顎ひげがすべてとしたら、ヤギも説教するかも知れない(諺)

If the fool **knew** how to be silent he **could** sit amongst the wise.
- もし愚者が沈黙の仕方を知っていたなら、賢者の中に座れたろう(諺)

If the wise **erred** not, it **would** go hard with fools.
- もし賢者達が間違いをしなかったら、それは愚者達につらいものになろう(諺)

If there **were** no receivers, there **would** be no thieves.
- もし故買人がいなかったら、泥棒もいなかったろう(諺)

If there **were** no cloud, we **should** not enjoy the sun.
- もし雲がなかったら、太陽を楽しむことはないでしょう(諺)

If things **did not break**, or wear out, how **would** tradesmen live?
- もし物が壊れたり、磨滅したりしなかったら、小売商人達はどうやって暮していくだろう(諺)

If wishes **were** horses, beggars **would** ride.
- 希望が馬であったなら、乞食が乗ることになろう(諺)

Jack **would** be a gentleman if he **had** money.
- ジャックもお金があったら、紳士だろう(諺)

Life **would** be too smooth, if it **had** no rubs in it.
- 人生は、その中に何らの障害もなければ、余りにスムース過ぎよう(諺)

Many **would** be cowards if they **had** courage enough.
- 十分に勇気があれば、多くの人が卑怯者になろう(諺)

Pigs **could** fly if they **had** wings. - 豚でも翼があったら、飛んだだろう(諺)

There **would** be no great ones if there **were** no little ones.
- 小物がいなければ、大物はいないであろう(諺)

仮定法現在

Home is home, though it **be** never so homely.
- 家庭は家庭だ、たとえ非常に家庭的でないとしても(諺)

If God **be** with us, who **shall** stand against us?
- もし神が我々とともにあるとしたら、誰が我々に反抗するだろう(諺)

If the husband **be** not at home, there **is** nobody.
- 亭主が在宅でないとすれば、誰もいない(も同然)(諺)

In a great river, great fish are found; but take heed lest you **be** drowned
- 大きな川には大きな魚がいる、溺れるといけないから、注意せよ(諺)

It is good to work wisely lest a man **be** prevented.
- 人は邪魔されない様に、賢く仕事をするのがいい(諺)

Never open the door to a little vice, lest a great one **enter** with it.
- 小さな悪徳にもドアーは開けるな、大きい悪徳が
一緒に入って来るといけないから(諺)

Though a lie **be** swift, the truth overtakes it.
- 嘘は足が速いとしても、真実は追い付く(諺)

仮定法の 慣用句 (Idiomatic Phrases)

　仮定法にも、次の様な慣用表現があります。　歴史的生成の過程を知ることなく、機械的に記憶することにしましょう。　「もし....がなかったら...だったろう」という語法なのです。

If it were not for ...　　or　　**Were it not for ...** (if を省略した形)
If it had not been for ...　or　　**Had it not been for ...**(if を省略した形)

If it were not for hope, the heart **would break.**
- もし希望がなかったら、心は張り裂けただろう(諺)

If it were not for shame, there **would be** no honest women.
- もし恥がなかったら、正直な女達はいなかったろう(諺)

If it were not for the belly, the back **might wear** gold.
- もし腹がなかったら、背中は金を着ているかも知れない
(美食して粗衣を着る意味)(諺)

If it wasn`t for meat and good drink, the women **might gnaw** the
sheets.
- 食べ物も美酒もなかったら、女達はシィーツを
齧るかも知れない(諺)

Were it not for the bone in the leg all the world **would turn** carpenters.
- 足に骨がなければ世の中の人は皆大工になるだろう
(松葉つえが必要となり、大工が必要の意)(諺)

Were there no hearers, there **would be** no backbiters.
- 聞く者がいなければ蔭口をきく人もいなくなるであろう(諺)

as if, as though という用語で、「恰も.....のごとく」という表現を使い
ますが、as と if または though の単語の間には、後の接続詞のあとに、次の様
に言葉が省略されていると考えてください。

He looks as big **as if** he **had e**aten bull beef.
(He looks as big as **he would look** if he had eaten bull beef.)
　　　　　　- 彼は牛肉を食べたみたいに威張りくさった顔つきをしている(諺)
He's as sharp **as if** he lived on Tewkesbury mustard.
(He's as sharp as **he would be** if he lived on Tewkesbury mustard.)
　　　　　　- 彼はチュークスベリ芥子を食べていきているような顔をしている
　　　　　　　　　　　　　(いつも悲しそうな怖い顔をしているの意味)(諺)
If the clouds look **as if scratched** by a hen, get ready to reef your topsails
　then.
(If the clouds look as **they would look** as if scratched by a hen, get ready
　To reef your topsails then.)
　　　　　　　　　　- もし雲の様子が恰も鶏が引っ掻いた様にみえたら、
　　　　　　　　　　　　その時は　トップスルを畳む用意をしろ(諺)

Live every day **as though** it were last.
(Live every day as **you would live** though it were last.)
　　　　　　　　　　　- 毎日、恰もこれが最後の様に、生きなさい(諺)
To feel **as if** one's heart **were left behind.**
(To feel as **one would feel** if one's heart were left behind.)
　　　　　　　　　　- 恰も心が後に取り残されたかの様に感じる(諺)

動詞の分類(知覚/使役/思考動詞)

　動詞を大きく分けて、次の様に三分類することが出来ることは既に学びました。

- **Be** 動詞
- **Have** 動詞
- **Do** 動詞 (Be 動詞と Have 動詞以外の動詞)

　動詞は、それの持つ意味あるいは機能よって、次の様に分類することも
あります。

知覚動詞:　　feel, see, hear, notice, observe, perceive, recognize
　　　　　　　smell, taste, watch
使役動詞:　　have, let, make (原形不定詞)
　　　　　　　bid, cause, compel , force, get (to 不定詞)
　　　　　　　get, have (現在分詞、過去分詞)

思考動詞:　　　 believe, consider, find , imagine, judge, know,
　　　　　　　　 suppose, think
その他の動詞:　 allow, call, enable, hate, help, keep, like, want

知覚動詞

　知覚動詞とは、五感の中の「**感じる**」、「**見る**」、「**聞く**」、「**触る**」「**味わう**」
の意味を持つ上記の単語類です。　これらの動詞の目的語の後に来る動詞
は**原形不定詞(to を伴わない)**を取ります。

When you talk of the devil you will **hear** his bones **rattle**.
　　　　 - 悪魔の話をすればその骨ががらがら鳴るのが聞こえるでしょう(諺)
Each bird loves to **hear** himself **sing**.
　　　　　　 - どの小鳥も自分が歌うのを聞くのが好きだ(諺)
Every ass loves to **hear** himself **bray**.
　　　　　　 - どのロバも自身が鳴くのを聞くのが好きだ(諺)
One dog barks because it sees something; a hundred dogs bark because
　 they **heard** the first dog **bark**.
　　　　　　　　 - 一匹の犬が何かを見て吠える、百匹の犬が最初の犬が
　　　　　　　　　　　　　　　 吠えるのを聞いて吠える(諺)
Having seen animals alive, one cannot bear to **see** them **die**; having heard
　 their dying cries, one cannot bear to eat their flesh.
　 - 動物が生きているのを見たので、彼等が死ぬのを見るのは耐えがたい、
　　　　　 彼等の死声を聞いたので、その肉を食べるのは耐えがたい(諺)

使役動詞

使役動詞とは、「人に・・・させる」という意味の動作を表し、**Let, Have, Make** 等があります。　目的語の後に来る動詞は、to の付かない動詞の原形を取る場合と to を伴う場合とがあります。

目的語の後に**原形不定詞を取る使役動詞 Have, Let, Make**

Do unto others as you would **have** others **do** unto you.
　　　　　　　　　　　　　- 他人にして貰いたい様に他人にしなさい(諺)
I **had** my secretary **type** the letter.　　　　- その手紙秘書にタイプさせた
Ned **had** his elder sister **help** him with his homework.
　　　　　　　　　　　　- ネッドは姉さんに宿題を手伝って貰った
A woman's sword is her tongue, and she does not **let** it **rust**.
　　　　　　　　　- 女の剣はその舌にあり、けっしてそれを錆びさせない(諺)
Let bygones be bygones.
　　　　　　- 過ぎ去ったことは過ぎ去ったことにしよう(既往は咎めず)(諺)
Let every man **praise** the bridge he goes over.
　　　　　　　　　　- 人は皆自分が渡る橋を賞讃するがよい(諺)
Let every sack **stand** upon its own bottom.
　　　　- どの俵もそれ自身の底に立つ様にしなさい(各人自立が大切の意)(諺)
Let him who has enough **ask** for nothing more.
　　　　　　　　- 十分に所有している者には、それ以上のものを
　　　　　　　　　　　　　　　求めさせないことにしよう(諺)
Let sleeping dogs **lie**.　　　　- 眠っている犬はそのままにして置け(諺)
Let tomorrow **take care of** tomorrow.
　　　　　　　　　- 明日のことは明日に面倒見させよう(諺)
Let thy words **be** few.　　　- 君の言葉数は少ないものにしよう(諺)
When ill luck falls asleep, **let** nobody **wake** her.
　　　　　- 悪運が眠っている時は、誰にも起こさせるな(諺)
A man may lead (or take) a horse to the water but he cannot **make** him **drink**.
　- 人は馬を水際に導くことは出来るが、水を飲ませることは出来ない(諺)
It is hard to **make** an old mare **leave** flinging.
　　　　　　　　- 老馬の蹴り癖を止めさせるのは難しい(諺)
Love, being jealous, **makes** a good eye **look** asquint.
　　　　　　- 恋は嫉妬深いので、正常な目を斜視にさせる(諺)
The blood of tyrants waters the tree of liberty and **makes** it **grow** strong
　and tall.　　　　- 専制君主の血は自由の木に水をやり、その木を強く、
　　　　　　　　　　　　　高いものに成長させる(諺)
The last drop **makes** the cup **run over**.
　　　　　　　　- 最後の一滴がコップをあふれさせる(諺)
You cannot **make** a crab **walk** straight.
　　　　　　　- 蟹を縦に歩かすことはできない(諺)

使役動詞が以下の例の様に、受動態で使われる場合は、To 不定詞に
変えるのがルールです。

Little birds that can sing and won`t sing must **be made to sing**.
　　　　- 歌えるのに歌おうとしない小鳥達は歌う様にさせねばならない(諺)

　目的語の後に **To 不定詞**を取る使役動詞には、次のものがあります。

Bid,　Cause,　Compel,　Force,　Get

He that **bids** me **to eat**, wishes me to live.
　　　　　- 私に食べるよう命令する人は私に生きることを望んでいる(諺)
Great pains **cause** us **to forget** the smaller ones.
　　　　　　- 大きな苦痛は小さめの苦痛を忘れさせる(諺)
A man may **cause** his own dog **to bite** him.
　　　　　- 人は飼い犬に噛まれる種を蒔くことがある(諺)
Her anger **caused** her **to rise and leave** the room.
　　　　　- 怒って彼女は立ち上がり部屋を出ていった

形式主語 IT (Formal or Preparatory Subject)

　人称代名詞の三人称、単数、中性の主格 **IT** は、以下の様な、色々な使われ方があります。　慣れると、非常に便利な用法ですが、日本語にはないものなので、多くの事例で学びましょう。　主語とすべきものが、長い場合には、トップへビーな文章を避けて、仮りの主語に It を使い、本物の主語を後置するやり方が使われます。

非人称の主語 (Impersonal 'it')

　天候、気候、季節、時間、距離を表すのに使われ、また**漠然とした状況や状態**の示すのにも使用されます。

If **it** were not for hope, the heart would break.
　　　　　　　　　　　　　　　・ 望みがなかったら、心臓は裂けていたろう(諺)
It's always darkest before the dawn.　　　　・ 常に夜明け前が一番暗い(諺)
It's like looking for a needle in a haystack.
　　　　　　　　　　　　　　　・ それは干し草の中に針を探す様なものだ(諺)
It's not what you know, but who you know.
　　　　　　　　　　　　　　　・ 何を知っているかでなくて、誰を知っているかだ(諺)
It's not what you say, but how you say it.
　　　　　　　　　　　　　　　・ 何を言うかでなくて、どんな風に言うかだ(諺)
It will be all the same a hundred years hence.
　　　　　　　　　　　　　　　・ これから百年後でも全く同じだろう(諺)
Live every day as though **it** were last.
　　　　　　　　　　　　　　　・ 毎日は、恰も最後の日の様に生きよ(諺)
You cannot have **it** both ways.　　　　・ 二股をかけることはできない(諺)

不定詞句の代わりの仮主語

　不定詞句をそのまま主語に持ってくると、トップへビーな文章になるので、それを避ける方便として、It を仮主語とするやり方が取られます。
日本語にはない語法なので、多くの事例で馴染みましょう。

It is a great point of wisdom **to find out one's own folly**.
　　　　　　　・ 自分自身の愚かさを見つけるは、大いなる知恵のポイントだ(諺)
It is as hard as for a camel **to pass through a needle's eye**.
　　　　　　　　・ ラクダが針の目を通り抜けるのと同じ様に難しい(諺)
It is as hard **to follow good advice as to give it**.
　　　　　　　・ 良き助言に従うのは、良き助言を与えるのと同じ位難しい(諺)

110

It is better **to have loved and lost than never to have loved at all**.
- 全然恋をしたことがないより、恋をして失恋した方がいい(諺)

It is better **to travel hopefully than to arrive**.
- 到着することよりも、望みを持って旅する方がいい(諺)

It is good **to have company in trouble (or misery)**.
- 困った時に(悲惨な状態で)に仲間のいることはいいことだ(諺)

It is harder **to change human nature than to change rivers and mountains**.
- 川や山を変えるより、人間の性質を変える方が難しい(諺)

It is misery enough **to have once been happy**.
- かって幸せだったことが十分に不幸だ(諺)

It is never too late **to mend**.
- 改めるに遅すぎることはない(諺)

It's not good **to wake a sleeping lion**.
- 眠ったライオンを起こすな(藪をつついて蛇を出す)(諺)

It is too late **to lock the sable when the horse has been stolen**.
- 馬が盗まれてから馬屋に施錠するのは遅すぎる(諺)

It takes two **to make a quarrel**.
- 喧嘩するには二人要る(諺)

次の例文の様に、他動詞の目的語となる**不定詞句の代わり**に it (**Preparatory Object** と呼ぶ)を使うケースもあります、また **that** で**導かれる名詞節**の代わりに、仮主語として it が代用されるケースもあります。

A woman finds it easier **to do ill than well**.
- 女は善を為すより悪を為す方が容易だとわかっている(諺)

Because he is good, **it** does not follow **that he is wise**.
- 彼が人がいいからと云って、賢明だということにはならない

I take **it** for granted **that man is mortal**.
- 人が死ぬのは当たり前だと思う

It follows from what you say **that you are innocent**.
- 君の言うことから、君は潔白だということになる

It occurred to him **that he hadn`t eaten anything since the night before**.
- 彼は、前夜以来何も食べなかったを思い出した

動名詞や動名詞句の仮主語

不定詞句の場合と同じ様に、トップヘビーな動名詞句の代わりに、仮主語 It を文頭に使うやり方です。

It is ill **jesting with edged tools**.
- 先の尖った道具でふざけるのはよくない(諺)

It is ill **striving against the stream**.
- 流れに逆らうのは悪い(諺)

It is no **meddling with our betters**.
- 目上の人とは争えない(諺)

It is no use **crying over spilt milk**.

- こぼれたミルクを嘆いて駄目(覆水盆に返らず)(諺)

強調構文を作る仮主語

　特定の語句を強調する構文で、It is の後に強調すべき語句を持ってきます。
It is......**that**.....の部分だけを抜いてみてください、残ったものは、それ自体で
完全な文章です。　この that は、関係代名詞ではなくて、単なる**接続詞**です。

It is a good horse **that** never stumble.

- どんなよい馬でもつまずくもの(諺)

It is a long lane (or way, or road) **that** has no turning.

- どんな長い道でも必ず曲がり角がある(諺)

It is a sad (or poor) heart **that** never rejoices.

- どんな悲しい心でもいつかはよろこぶものである(諺)

It is the first step **that** is difficult.　　- 難しいのは最初のステップだ(諺)

It is the unexpected **that** always happens.

- 常に起こるのは予期しないことだ(諺)

無生物主語、目的語を用いた否定表現
(Negation, Negative Expressions)

　形容詞でなくて、人や物を表す名詞の **nobody, none, nothing** を用いた否定表現が、英語では、極く普通に使用されており、**無生物主語**とか**無生物目的語**とか呼ばれています。

　下記の例文は、こういった無生物主語/目的語構文のもので、これらに馴染むことは絶対必要なので、既に学んだ、形容詞 No を用いた例に示した様に、**not anyone, not anything** と置換作業をして、早く置換作業なしに対応が可能な状態にしましょう。

A friend to everybody is a friend to **nobody**.
　　　　　　　　　　　- 誰にも友達であるのは、誰にも友達でない(諺)
None but the brave deserves the fair.　　　　- 勇者のみ美人を得る(諺)
Nothing is as good as it seems beforehand.
　　　　　　　　　　　- 何事も、事前に見える程良好ではない(諺)
Nothing costs so much as what is given us.
　　　　　　　　　- 我々に与えられる物程費用の掛かるものはない
　　　　　　　　　　　　　　　　　　　(只ほど高いものはない)(諺)
Nothing is more precious than time.　　- 時間程貴重なものはない(諺)

念のため、置換文を示します。

A friend to everybody is **not** a friend to **anybody**.
Anyone but the brave does **not** deserve the fair.
Anything is **not** so good as it seems beforehand.
Anything does **not** cost us as what is given us.
Anything is **not** more precious than time.

A friend to everybody and to **nobody** is the same thing.
　　　　　　　　- 誰にでも友達、また誰にも友達でないことは同じことだ(諺)
Everybody' business is **nobody's** business.
　　　　　　　　　　　　　- 皆の仕事は、誰の仕事でもない(諺)
It is a silly game where **nobody** wins.
　　　　　　　　　- 誰も勝ちにならないのは馬鹿げたゲームだ(諺)
It is an ill wind that blows **nobody** any good.
　　　　　　　　- どんな悪い風でも誰かに益をもたらすもの(諺)
When ill luck falls asleep, let **nobody** wake her.
　　　　　　　　- 悪運が眠りに就いたら、誰にも起こさせるな(諺)
A bad excuse is better than **none**.　　- 悪い言い訳もないよりはいい(諺)

113

Anyone can start a rumor, but **none** can stop one.
- 誰でも噂を流すことは出来るが、誰も止めることは出来ない(諺)

None can guess the jewel by the casket.
- 誰も箱で宝石を判断することは出来ない(諺)

One of these days is **none** of these days.
- いつかそのうちにという日は、けっして来ない(諺)

Better say **nothing** than **nothing** to the purpose.
- 何事も要領を得ないよりも、何も言わない方がまし(諺)

Blessed is he who expects **nothing**, for he shall never be disappointed.
- 期待しない者はしあわせである、失望することがないから(諺)

By doing **nothing** we learn to do ill.
- 何もしないでいることで、悪を行うことを学ぶ(諺)

Civility (or Courtesy) costs **nothing**.   - 礼には何も費用は掛からぬ(諺)

Doing **nothing** is doing ill.   - 何もしないことは悪をすることだ(諺)

Fear **nothing** but your own conscience.
- 自分自身の良心以外は何も恐れるな(諺)

It is better to say **nothing** than not enough.
- 十分でないことを云うより何も言わない方がまし(諺)

Nature does **nothing** in vain.
- 自然のやることで無駄なものはなにもない(諺)

Something is better than **nothing**.   - 何もないより、何かある方がよい(諺)

The sun loses **nothing** by shining into a puddle.
- 太陽は泥をの中を照らしても何も失わない(諺)

The most wretched fortune is safe, for it fears **nothing** worse.
- 最も惨めな運命は安全でる、何故なら更に悪くなる
恐れは何もないから(諺)

There is **nothing** but is good for something.
- 何かに対して良くないようなものはない(諺)

There is **nothing** more precious than time.
- 時間ほど貴重なものはない(諺)

There is **nothing** new under the sun.   - 太陽の下に新しいものなし(諺)

There is **nothing** permanent except change.
- 変化以外に永久的なものは何もない(諺)

There is **nothing** that costs less than civility.
- 礼儀程費用の掛からないものはない(諺)

To have **nothing** is not poverty.   - 何も所有しないことは貧困ではない(諺)

To know **nothing** is the happiest life.
- 何も知らないことが最も幸せな人生である(諺)

We have **nothing** to fear but fear itself.
- 恐怖そのもの以外恐るべきものは何もない(諺)

What costs **nothing** is worth **nothing**.
- 費用が何も掛からないものは、何の価値もない(諺)

Your knowing a thing is **nothing**, unless another knows you know it.
- 君があることを知っていることはなんでもないことだ、
もし別人がそのことを知らない限り(諺)

Nothing can be purchased which is better than a true friend.
- 真の友より良いものを買い求めることは出来ない(諺)

Nothing comes from **nothing**.　- 無中有を生ぜず(無い袖は振られぬ)(諺)

Nothing costs so much as what is given us.
- ただで与えられるものほど費用の掛かるものはない(諺)

Nothing is certain but death and taxes.
- 死と税金程確かなものはない(諺)

Nothing is certain but the unforeseen.
- 予見されないもの程確かなものはない(諺)

Nothing is certain except the past.　- 過去以外は何事も確かではない(諺)

Nothing is more useful than the sun and salt.
- 太陽と塩ほど有用なものはない(諺)

Nothing is so dear and precious as time.
- 時間ほど高くて、貴重なものはない(諺)

Nothing should be done in haste but gripping a flea.
- 何事も、ノミを捕らえる時以外急いではならない(諺)

関係代名詞　（Relative Pronoun）

　関係代名詞という言葉は、その言葉の響きから、代名詞の意味を強く感じますが、二つの文章の共通部分を重ね合わせて、分岐の文章を接続する機能を表します。　主体の文章の中に、追加の付属文を挿入するという、日本語には見られない「**言葉使い**」なので、次の説明で、その仕組みを十分に理解してください。

　次の二つの文章があって、二つの文章の主語、He が同一人物だとしましょう。

He	knows nothing.
He	doubts nothing.

・あの人は何も知らない。
・あの人は何も疑わない。

　この二つの文章は、次のように考えることが出来ます。
He (=knows nothing) doubts nothing.

　で、この文章のカッコを外すと、主語が一つの文章に動詞が二つ存在することになり、文章構成の決まりごとが崩れてしまいます。

He **knows** nothing **doubts** nothing.　　（NG）

　そこで、考案されたのが、実に巧みな「**関係代名詞**」（接続詞と代名詞を兼ねる役目の用語）と呼ぶ品詞です。　すなわち、以下の様に、文章構成の約束事を壊さずに、一つの完全な文章の中に、別の独立した文章を**つなぎ込む**、あるいは**接着する**仕組みが誕生したのです。

He **who** knows nothing doubts nothing.
　　　　　　＝
He(**who knows nothing**)doubts nothing.

　日本語には存在しない仕組みなので、英語を習い始め頃は、接着挿入文のオケツから訳し初めて、関係代名詞の部分は、「・・するところの」という訳し方を教えられました。　「何も知らないところのあの人は、何も疑わない」といった具合に訳出した筈です。　「彼は何も知らないので、何も疑わない」というのが、自然な日本語でしょう。　クドイかも知れませんが、上記の文例は、次の様に解釈、理解すれば、分かり易いでしょう。

He *who* knows nothing **doubts nothing**.　（幹となる文）
　　↑(接着された分岐の文、who で導かれる)

　関係代名詞の使用された文は、日本語にない構文なので、慣れるまでは、一度、挿入されている部分をカッコで括って、外して、幹となる文の解釈をした上で、戻って来て、カッコ内の解釈をすると、全文の把握が容易になります。　この文の構文に慣れると、文頭から読み流して解釈することが可能となります。

もう一つ同じような例を調べてみましょう。 主語となっている He が
同一人物と考えてください。

He begins many things. ・あの人は多くのことを手掛ける
He finishes but few. ・あの人が仕上げるのはほんの僅か

この二つの文章を合わせると、

He (begins many things) finishes but few.

このカッコを外すと、文章にならないので、**who** という関係代名詞を
を使って、つなぎ込むと、

He **who** begins many things finishes but few.
・多くのことを手掛ける人は、殆ど仕上げるものがない(諺)

更に、二つの諺を使って、関係代名詞という、実に上手い用語の理解を
深めましょう。 今度は、逆に、関係代名詞が使われた文を分解して、その仕組
みを把握しましょう。

He **that** has been bitten by a serpent is afraid of a rope.
・蛇に噛まれた者はロープを怖がる(諺)
He (**that** has been bitten by a serpent) is afraid of a rope.

この文章の主文と追加挿入文は、次の通りです。

He is afraid of a rope. ・彼はロープを怖がる
He has been bitten by a serpent. ・彼は蛇に噛まれたことがある

次の諺の文も、上記の例のように、二つの文に分解出来ます。

The fire **which** lights us at a distance will burn us when near.
・遠くで我々を照らしてくれる火は、近いとやけどさす(諺)
The fire (**which** lights us at a distance)will burn us when near.

この文章の主文と追加挿入文は、次の通りです。

The fire will burn us when near. ・火は近いとやけどさせる
The fire lights us at a distance. ・火は遠くで我々を照らしてくれる

関係代名詞を用いた文でつなぐ、あるいは接着する部分の単語を**先行詞**
(Antecedent)と呼び、それらは、人であったり、動物であったり、または物事で
あったりします。　これら先行詞の言葉の種類によって、次の表に
示す様に、**who, which, that, what** の四種類があり、更に、先行詞が、接続した
後続文の**主語**であるか、**所有格**に当たるのか、それとも**目的格**になるのかによっ
て、**格変化**が起きます。　「習うより、慣れろ」の諺通り、
多くの文例によって、関係代名詞の用法を習得してください。

関係代名詞

主格	所有格	目的格	先行詞	備考
who	whose	whom	人	
which	whose	which	動物・事物	
that	-	that	人・動物・事物	
what	-	what	事物	先行詞を含むもの

　この四種類の中で、特別なのが、**What** で、他の関係代名詞は必ず先行詞を必
要としますが、**What** だけは、先行詞を自身の中に含んだ関係代名詞となってい
ます。　すなわち、that which,とか anything which とかと
なり、日本語でも見られる、・・・というものは、または・・・とかはといった
具合の総称的な表現に使われます。

A woman's advice is no great thing, but he **who** won`t take it is a fool.
　　　　　　　　　　　- 女の助言はけっしてたいしたものではないが、
　　　　　　　　　　　　　　　　それを受けない男は馬鹿だ(諺)
All things come to him **who** waits. 　- 待つ人の所へは何でもやってくる(諺)
Blessed is he **who** expects nothing, for he shall never be disappointed.
　　　　　　- 何も期待しないものは、幸いである、決して失望しないから(諺)
He laughs best **who** laughs last. 　- 最後に笑う人が、最もよく笑う(諺)
He **who** makes no mistakes makes nothing.
　　　　　　　　　　- ミスをしないものは、何もしないもの(諺)
He **who** begins many things, finishes but few.
　　　　　　- 多くのことを始める人は、仕上げるのは極く僅か(諺)
He **who** lives by the sword dies by the sword.
　　　　　　　- 剣によって生きる者は剣によって滅ぶ(諺)
He **who** rides a tiger is afraid to dismount.
　　　　　　　- 虎に乗るものは、虎から降りることを恐れる(諺)
He **who** would climb the ladder must begin at the bottom.
　　　　　　- 梯子を登ろうとするものは、最下段から始めねばならぬ(諺)
Those **who** live in glass houses should never throw stones.
　　　　　　- ガラスの家に住むものは、石を投げてはならない(諺)

118

A baby is an angel **whose** wings decrease as his legs increase.
- 赤ん坊は足が伸びるにつれて翼が減る天使である(諺)

Those **whom** the gods love die young. - 神が愛する者は、若死する(諺)

Do not look upon the vessel but upon that **which** it contains.
- 容器を見ないで、容器の中身を見なさい(諺)

Everybody speaks well of the bridge **which** carries him over.
- 誰でも自分を渡してくれる橋についてはよく言う(諺)

Love is a flower **which** turns into fruit at marriage.
- 愛は、花であって、結婚で果実となる(諺)

Nothing is so bad in **which** there is not something of good.
- どんな悪いことであっても、善のかけらもないものはない(諺)

The heart has reasons **which** reason does not know.
- 心は理性が知らない理由を持っている(諺)

The hour of happiness **which** comes unexpectedly is the happiest.
- 予期しないのにやって来る幸せの時間が最も幸せである(諺)

All **that** glitters is not gold. - 光るもの必ずしも金ならず(諺)

All things are easy, **that** are done willingly.
- 進んでなされるものは、すべて簡単である(諺)

Bees **that** have honey in their mouths have stings in their tails.
- 口に蜜を持つミツバチは尻尾に針を持つ(諺)

Blue is the hills **that** are far away. - 遠くの丘は青い(諺)

Flowers leave fragrance in the hand **that** bestows them.
- 花は贈り手にも香りを残す(諺)

God helps them **that** help themselves. - 神は自助する人を助ける(諺)

He **that** has been bitten by a serpent is afraid of a rope.
- 蛇に噛まれたものは、ロープを恐れる(諺)

The boughs **that** bear most hang lowest.
- 一番実のなっている枝は、一番低く垂れる(諺)

There is nothing **that** costs less than civility.
- 礼儀ほど金の掛からないものはない(諺)

The fire **which** lights us at a distance will burn us when near.
- 遠くで我々を照らしてくれる火は、近いとやけどさす(諺)

Lend only **that which** you can afford to lose.
- 君が失っても構わないものだけを貸しなさい(諺)

That which Nature paints never fades.
- 自然が描くものは、けっして色あせない(諺)

Be **what** you would seem to be. - 自分が見て欲しいと思うものになれ(諺)

Believe nothing of **what** you hear, and only half of **what** you see.
- 聞くことは何も信じないで、見ることの半分を信じよ(諺)

119

Delicacy is to love **what** grace is to beauty.
- 繊細さが愛に対するのは、優雅さが美に対するものと同じだ(諺)

Do to others **what** you would be done by. - 己の欲する所を人に施せ(諺)

Life is **what** you make. - 人生とは自分で作るもの(諺)

Nothing costs so much as **what** is given us.
- ただで与えられる物程高くつくものはない(諺)

Practice **what** you preach. - 人に説くことを実行せよ(諺)

Trouble is to man **what** rust is to iron.
- トラブルと人との関係は錆と鉄との関係と同じだ(諺)

The pleasure of **what** we enjoy, is lost by coveting more.
- 楽しむものの喜びは、更に物を欲しがることで失われる(諺)

The worth of a thing is **what** it will bring.
- ものの価値は、それがもたらすものだ(諺)

Things are seldom **what** they seem.
- 物事は、めったに見かけ通りではない(諺)

What can't be cured must be endured.
- 治せないものは、我慢しなければならない(諺)

What everybody says must be true.
- 誰もがいうことは、真実に違いない(諺)

What is bred in the bone will never come out of the flesh.
- 骨の中に育てられたものは、けっして肉から出ない(諺)

What is learned in the cradle is carried to the grave.
- ゆりかごで学んだことは、墓まで持ち込まれる(諺)

What may be done at any time is done at no time.
- いつでもできることは、いつでもなされない(諺)

What the eye doesn't see the heart doesn`t grieve over.
- 目が見ないものを心が悲しむことはない(諺)

What you don't know won`t (or can`t) hurt you.
- 自分の知らないことが、自分を傷つけることはない(諺)

What you`ve never had you never miss.
- 手にしたことのないものに、失くして悔しいとは思わない(諺)

You cannot lose **what** you never had.
- 手にしたことのないものを失うことはない(諺)

Whatever is worth doing at all, is worth doing well.
- いやしくする価値のあることは、立派にやる価値がある(諺)

Whosoever shall smite thee on thy right cheek, turn to him the other
  also. - 汝の右の頬を打つものあらば、左の頬も向けよ(諺)

前置詞を伴う関係代名詞

　前置詞を伴う関係代名詞の事例を挙げましょう。　日本語にはない語法なので、当初は戸惑いますが、慣れると問題はありません。　早く馴染むようにしてください。

Defeat is a school **in which** truth always grows strong.
　　　　　　　　　- 敗北は学校であって、真実が常に強くなる場所だ(諺)

Love is a game **in which** both players always cheat.
　　　　　　　　　- 恋愛とは、二人のプレーヤーが常に騙すゲームだ(諺)

Nothing so bad **in which** there is not something of good.
　　　　　　　　　- 善のかけらもない様な、ひどく悪いものはない(諺)

Old age is a malady **of which** one dies.
　　　　　　　　　　- 老齢は人が死ぬ原因の病気である(諺)

Of many friends there are few **on whom** a man can rely.
　　　　　　　　- 多くの友人の中で、人が信頼出来るひとは数少ない(諺)

Marriage is a lottery **in which** men stake their liberty and women
　their happiness.
　　　　　　　　- 結婚とは男は自由を、女は幸せを賭ける宝くじである(諺)

Take no woman for a wife **in whom** you cannot find a flaw.
　　　　　　　　　- 欠点の見つからないような女を妻にするな(諺)

The marble stone **on which** men often tread seldom gathers moss.
　　　　　　　- 人々がしばしば踏みける大理石にはめったに苔が生えない(諺)

There are games **in which** it is better to lose than win.
　　　　　　　　　　- 勝つよりも負ける方がいいゲームがある(諺)

There's hardly a strife **in which** a woman has not been a prime mover.
　　　　　　　　　- 女が原動力でなかった様な争いは殆どない(諺)

関係代名詞の省略

　先行詞の後にくっ付ける関係代名詞を、以下の事例に示す様に、省略することがあります。　但し、この場合は、先行詞が後続文の動詞の目的格である場合に限られます。　何故なら、主格の場合では、省略すると構文の形が崩れて、文章が成立しなくなるからです。　太文字で示した**先行詞**の後に関係代名詞の目的格(which or that)が省略されています。

A thing you don't want is dear at any price.
　　　　　　　　　　　- 欲しくない物は、どんな価格でも高価である(諺)
Don't start **anything** you can't finish.
　　　　　　　　　　　　- 仕上げることの出来ないことは始めるな(諺)
Everyone must row with **the oars** he has.
　　　　　　　　　　　- 誰も自分の持つオールで漕がねばならない(諺)
Many kiss **the hand** they wish to see cut off.
　　　　- 多くの人々は、切られるのを見たいと思う手にキスする(背面服従)(諺)
The only thing we have to fear is fear itself.
　　　　　　　　- 我々が恐れねばならない唯一のものは恐怖そのものだ(諺)
The stone you throw will fall on your own head.
　　　　　　　　- 君自身の投げる石は君自身の頭上に落下する(諺)
The evils we bring on ourselves are the hardest to bear.
　　　　　　　　　　　- 自らに招いた禍は一番耐えがたい(諺)
Today is **the tomorrow** you worried about yesterday.
　　　　　　　　- 今日という日は、昨日君が思い悩んだ明日だ(諺)
When **all** you have is a hammer, everything looks like a nail.
　　　　　　- 金鎚しか持っていないと、すべてのものが釘に見える(諺)

擬似関係代名詞(Pseudo Relative Pronoun)

　一見、関係代名詞とは思えない様な単語、**As, But, Than**　が関係代名詞の働きをもっており、擬似関係代名詞と呼ばれています。　　下記の諺の
事例で、この用法に馴染んでください。

There are as good fish in the sea **as** ever came out of it.
　　　　　　　　　　　　- 海には今まで出てきたのと同じ様ないい魚がいる(諺)
There is no such thing **as** bad weather, only the wrong clothes.
　　　　　　　　- 悪い天候なんてものはない、あるのはただ間違った衣服だ(諺)
There`s no such thing **as** a free lunch.
　　　　　　　　　　　　　　　- ただのランチなんてものはない(諺)

No fortune is so good **but** that you may find something to grumble
　　about.- どんな幸運も、何か不満をこぼすことのない程、良きものはない(諺)
No hair so small **but** has his shadow.
　　　　　　　　　　　　- 影を持たないように小さな髪の毛はない(諺)
No viper so little **but** has its venom.
　　　　　　　　　　- どんなに小さなマムシにも毒がある(諺)
Nothing so bad **but** it might have been worse.
　　- 何事も、更に悪くなったかも知れないという程、悪いものではない(諺)
There is no rule **but** has exceptions.　　　　- 例外のない法則はない(諺)
There is no tree **but** bears(some) fruit.　　　- 果実のならぬ木はない(諺)
There is nobody **but** has his faults.　　- 欠点のないという人はいない(諺)
There is nothing so bad **but** may be of some use.
　　　　　　　　　- 何も役に立たない様な、悪いものはない(諺)
There`s nothing **but** is good for something.
　　　　　　　　　　- 何物に対しても良くないものなどない(諺)
A man can do no more **than** he can.
　　　　　　　　　　- 人は自分の能力以上のことは出来ない(諺)
Keep no more cats **than** will catch mice.
　　　　　　　　　- ネズミを捕る猫以上の数の猫は飼うな(諺)

比較の用法 (Expressions of Comparison)

　形容詞と副詞とは、**原級、比較級、最上級**と語形変化することは既に学習しました。　また、形容詞の用法には、名詞や名詞相当語の前に置く**限定用法**と **Be 動詞**や**不完全自動詞、不完全他動詞**と組み合わせて使用する**叙述用法**の二種類があることも学習しました。　ここでは、実に多様な比較を表現するのに用いられる、原級、比較級、最上級の用例を取り上げます。　次に示す様な、実に多様な語法がありますので、実例により早く習得してください。

as ..... as	と同様に .....である
as ..... as ever	かって....であったと同様の
as ..... as ...... can	...が....出来るだけの
as many .... as	と同様に ......が多数である
less..... than	...の度合がすくない
more ... than	...以上に...である
much more	ずっと多くの....
much less	ずっと少ない.....
never ...so ... as to	...する程の... ものなし
never ..... such ......as ...	...ほどの....なものはない
No ... like	...に如くものなし
no such ....as to	...する程...ではない
no ... than ...	...ほど....ではない
no better than	...以上に...ではない
no more than	...を越えることはない
no more ... than....	...でないのは...と同じ
no less .... than ...	けっして...を越えない
No other ......so	...程の.....はない
no ...so ....but	...程...でないはない
no ...so ....as to	...する程...ではない
no ...so ....that	...な程...でない
none ....so ...as	...程...なものはない
non the less	けっして...に劣らない
not as ...... as	...ほど......ではない
not so ......as to ...	...ほど......ではない
not so much as	...ほどではない
not so much ..... as	...ほど....ではない
..... times as ...... as	...の....倍の
Nothing like	...に如くものなし
Nothing .... than	...ほどの...なものはない
Nothing ...more .... than....	...ほどの...なものはない
Nothing ...so ....as	...ほどの...はない
Nothing ...so much as	...ほど...ではない
Nothing so ... but	...でないほど...なものはない

124

still less	更に少ない.....
still more	更に多くの....
... er than any other	他の...どれよりも...
There are as many .... as	...と同数のものがある
There is nothing ....but	...でない...なものはない
Nothing is more ...than anything else	他のどれよりも....なものはない
..... the most ...... of all ...	すべての...の内最も....なもの

A man is **as** old **as** he feels; a woman is **as** old **as** she looks.
- 男の歳は気持ち通り、女の歳は見かけ通り(諺)

Dying is **as** natural **as** living.
- 死ぬことは生きることと同様に自然である(諺)

Three removals are **as** bad **as** a fire.
- 三回の引っ越しは火事と同様に悪い(諺)

It is **less** shameful to steal **than** to flatter.
- おべっかを言うことと較べて盗みをする方が恥の度合がすくない(諺)

Honey catches **more** flies **than** vinegar.
- 蜂蜜は酢以上にハエを多く取る(諺)

There is **more** trouble in having nothing to do **than** in having much to do.
- やることがたくさんある場合よりも何もすることがない場合の方に問題が多い(諺)

Words cut **more than** swords.
- 言葉は剣以上にものを切る(諺)

Keep **no more** cats **than** will catch mice.
- 捕らえるネズミの数以上の猫を飼うな(諺)

副詞の比較用法 (Expressions of Comparison)

　形容詞の比較用法については既に学習しましたが、副詞にも同様な用法があります。　色々な事例を以下に示しますので、こういった用法に早く馴染んでください。

Deaf people always hear **better** than they say they do.
- 耳の悪い人達はいつも人々が聞いているというよりもよく聞いている(諺)

You know **better** than that.　　　- 君はそれ位のことは知っているよね(諺)
Every man loves himself **best**.　　　- 人は誰も自分が一番可愛い(諺)
He laughs **best** who laughs **last**.　　- 最後に笑う者が一番よく笑う(諺)
A dwarf on a giant's shoulder sees **farther** of the two.
- 巨人の肩に乗った小人には巨人より遠くが見える(諺)

Farther than the wall we cannot go.　　- 壁より先へは行けない(諺)
He sees no **farther** than his nose.　-　彼には鼻より先は見えない(諺)
Stretch your arm **no further than** your sleeve will reach.
- 袖が届く以上に腕を伸ばすな(諺)

Last but not least.　- 最後になりましたが、おろそかにできないことは
It is **less** shameful to steal **than** to flatter.
- おべっかを言うことと較べて盗みをする方が恥の度合がすくない(諺)

A wise man is **never less** alone **than** when he is alone.
- 賢人は独居している時程孤独さは少ない(諺)

The **least** foolish is wise.　　- 愚かさの一番少ない者が利口(諺)
Those that brag most, execute **least**.　　- 大ほら吹きの無為無能(諺)
Shame lasts **longer** than poverty.　　- 恥は貧困より長く続く(諺)
Actions speak **louder than** words.　- 行動の方が言葉よりも大きく語る(諺)
We suffer **more** in imagination **than** in reality.
- 現実よりも想像の点で悩む方が多い(諺)

First impressions are **most** lasting.　- 初めの印象が最も長くつづく(諺)
He that does **most** at once, does **least**.
- 一度に多くのことを行うものは最も為すことが少ない(諺)

Mind other men but **most** yourself.
- 他人のことを考えよ、ただし、最も君自身のことを考えよ(諺)

The worst wheel of the cart creaks **most**.　- 車の最も悪い車輪は最も軋む(諺)
They brag **most** who can do least.
- 行うことが一番少ない人々が一番ほらを吹く(諺)

Nothing is **more easily** blotted out **than** a good turn.
- 良き行為くらい容易に忘れ去られるものはない(諺)

A good name is **sooner** lost **than** won.　名声は獲得するより早く失われる(諺)

Sooner begun, **sooner** done.　　　- 早く始めると、早く済む(諺)
The sharper the storm, the **sooner** it's over. - 嵐は激しい程、早く終わる(諺)

The fairest flowers **soonest** fade. ・綺麗な花程萎れるのが最も早い(諺)

The fairest silk is **soonest** stained. ・最も奇麗な絹は最も早く汚れる(諺)

The most wretched fortune is safe, for it fears nothing **worse**.

・最も悲惨な運は安全である、何故ならそれ以上
悪くなる恐れは何もないから(諺)

Nothing costs **so much as** what is given us.

・ただで与えられる物程高くつくものはない(諺)

Nothing stings us **so bitterly as** the loss of money.

・お金の損失ほど酷く我々を責めるものはない(諺)

Nothing is given **so freely as** advice.

・忠告程自由に与えられるものはない(諺)

文修飾副詞 (Sentence Modifier)

　副詞は、通常、形容詞、副詞、動詞を修飾する働きがありますが、以下に示す様な**文全体を修飾する**類のものがあります。　残念ながら、用語の性質上、諺の文例はあまり見当たりませんので、一般文を例示します。

All things considered, the scheme will be successful.
　　　　　　　　・ すべてのことを考慮に入れて、その計画は成功するだろう
Clearly, he knows the answer.　　　・ 明らかに、彼はその答えを知っている
Evidently, you are in the wrong.　　　・ 明らかに君が間違っている
Fortunately, I was on time.　　　　　　・ 運よく、間に合った
Happily he did not die.　　　　　　　・ 幸いにも彼は死ななかった
Honestly, this is above me.　　・ 正直言って、これは私には及ばないことだ
Honestly, I can`t work with you any longer.
　　　　　　　・ 正直いって、君とはこれ以上一緒に仕事は出来ない
Hopefully, this project will be completed within this year.
　　　　　・ 希望的には、このプローゼクトは今年度以内に完成するだろう
It goes without saying that the proposal will not be accepted.
　　　　　　・ その提案が採用されないことは言うまでもないことだ
Naturally he got angry.　　　　　　　・ 彼が怒ったのは同然だ
Obviously he is a liar.　　　　　　・ 明らかに、彼は嘘つきだ
Strangely, his letter came two months later.
　　　　　・ 奇妙なことに、彼の手紙は 2 ヶ月遅れで届いた
Surely you don't mean it.　　　　・ 確かに、君のいうところではない
Surprisingly, the Americans demanded unconditioned surrender.
　　　　　・ 驚くべことに,アメリカ人達は無条件降伏を要求した
Unfortunately, this is the best I could do.
　　　　　　　・ 不幸にも、これが私の出来る限界です

　次の例文は、**分詞構文**と云われるものを、**副詞**と**現在分詞**に短縮した形であり、文全体を修飾するものです。

　元の形の完全な文章は、

If we frankly (generally, relatively, roughly,strictly) speak,

であり、**if we** を取り去り、**動詞**の部分を現在形から、現在分詞形に変えたことで成立するものです。

Frankly speaking, I don't think we have a chance.
　　　　　　　・ 正直言って、我々にチャンスありとは思わない
Generally speaking, Japanese are hard workers.
　　　　　　　・ 一般的に言って、日本人は勤勉な働き手だ

Relatively speaking, the venture was a success.

- 相対的に言って、その試みは成功だった

Roughly speaking, there are two possibilities.

- おおざっぱに言って、二つの可能性が存在する

Strictly speaking, England is not "Eikoku".

- 厳密に言って、イングランドは英国ではない

以下に示す副詞句、**独立不定詞**と呼ばれるものですが、文頭または文中によく使われるものです。

He is, **so to speak** , a wise fool. 　　　　- 彼は、言わば、賢い馬鹿だ

His friends are now against him, **not to speak of** his enemies.

- 彼の敵は言うに及ばす、彼の友達も今や彼に反対している

Needless to say, we wasted no time in getting home.

- 言わずもがな、我々は時間を無駄にすることなく帰宅した

I met with a cool, **not to say** hostile, reception.

- 私は、敵対的とまでは云わないが、冷たい応対に遭った

I missed the party, **to my regret**.

- 残念なことにパーティーにはでられなかった

It was getting dark, and **what is worse,** it began to rain heavily.

- だんだん暗くなってきた、そのうえさらに
悪いことには雨が激しく降り始めた

Sad to say, he didn't live up to our expectations.

- 悲しいことに、彼は我々の期待に添わなかった

She can ride a motorcycle, **to say nothing of** a bycicle.

- 彼女は、自転車は言うに及ばす、モーターカーにも乗れる

Strange to say, none of us noticed the mistake.

- 奇妙なことに、我々の誰もそのミスに気付かなかった

This, **to be brief,** is the answer to the argument.

- つまりこれがその議論に対する答弁である

To be exact, I am 172.4cm tall.

厳密にいって、私は1メートル72.4センチの背丈だ

To be frank with you, I think she is more beautiful than her sister.

- 君には率直なところ、彼女の方が妹より美しいと思う

To be honest with you, I don't think he is a reliable man.

- 君には正直なところ、私は彼が信頼出来る人とは思わない

To be sure, Sam is young, but he has originality.

- 確かに、サムは若いが、独創性がある

To begin with, that kind of work is too tough for me.

- 手始めに、その種の仕事は私には酷すぎる

To crown it all, he fell seriously ill himself.

- 挙句の果てに、彼は彼自身深刻な病気になった

To do him justice, he is an able man.

- 彼は妥当に評価して、出来る男だ

To make matters worse, it began to rain heavily.

- 事態を更に悪くしたのは、雨が激しく降り始めたのだ

John's action is hasty, **to say the least of it**

- ジョンの行動は、控え目に言っても、軽率だった

To start with, she decided to make herself some visiting cards.

- 彼女はまず第一に自分の名詞を作ることを決めた

To sum up, I'm against the plan.　　　　- 要するに、私はその計画に反対だ

To tell the truth, I don't like that man.

- 正直なところ、私はあの男が好きでない

You **probably** don't remember him very well.

- 恐らく、君は彼をあまり良く覚えていないだろう

　　下記の**強調構文**の中で、よく使われる形容詞は、右側に示す副詞一語で済まされる場合もあります。

It is apparent **that**....	→	**apparently**	明らかに
It is certain **that**	→	**certainly**	確かに
It is definite **that**	→	**definitely**	はっきりと
It is evident **that**	→	**evidently**	明白に
It is fortunate **that** ...	→	**fortunately**	幸運にも
It is likely **that** ...	→	**likely**	有りそうな
It is obvious **that** ...	→	**obviously**	明白に
It is plain **that** ...	→	**plainly**	明らかに
It is possible **that** ...	→	**possibly**	ことによると
It is probable **that** ...	→	**probably**	恐らく
It is true **that** ...	→	**truly**	本当に
It is uncertain **that** ...	→	**uncertainly**	不確実に
It is unfortunate **that** ...	→	**unfortunately**	不幸にも
It is unlikely **that** ...	→	**unlikely**	有りそうもなく

　　また、次の様な副詞句もよく使用されます。

to one's amazement	人が驚いたことには
to one's astonishment	人が驚いたことには
to one's delight	人がうれしいことには
to one's disappointment	人が失望したことには
to one's disgust	人が不愉快なことには
to one's horror	人をぞっとさせることには
to one's joy	人を喜ばせることには
to one's regret	人を失望させたことには

to one's satisfaction	人を満足させたことには
to one's sorrow	人を悲しませたことには
to one's surprise	人を驚かせたことには

形容詞 No を用いた否定表現
(Negation, Negative Expression)

　日本語には存在しない「言葉の用法」に、**形容詞の No** を、**名詞**あるいは**名詞相当語**の頭に付けるというやり方があります。　次の例は非常によく知られた諺であり、分かり易いものです。

　　No news is good news.　　　　　　　　- 便りのないのはよい便り(諺)

でも、以下の様な文例は、慣れないと、なかなか訳しづらいものです。

　A forced kindness deserves **no** thanks.
　　　　　　　　　　　　　　　- 押し付けの親切は感謝に値しない(諺)
　A willing burden is **no** burden.　　　- 喜んでする苦労は苦労でない(諺)
　Leave **no** stones unturned.　　　　　- あらゆる手を尽くせ(諺)

　日本語にはこんな形容詞の否定用法はないので、**not any** に置き換えて、意味を掴み、出来るだけ早く置換作業なしに対処できる様にしてください。

　A forced kindness does **not** deserve **any** thanks.
　A willing burden is **not any** burden.
　Do **not** leave **any** stones unturned.　- ひっくり返されない石を残すな
　　　　　　　　　　　　　　　（どの石もひっくり返してみよ）

　名詞そのものでなくて、**名詞相当語の動名詞**の頭に no を付けて、動名詞句全体の可能性を否定する用法があります。

　It is **no flying** without wings.　　　　- 翼が無ければ空は飛べない(諺)
　It is **no meddling** with our betters.
　　　　　　　　　- 目上の人々とは争えない(長いものには巻かれろ)(諺)
　It's no use crying over spilled milk.
　　　　　　　　　- こぼれたミルクを嘆いても駄目(覆水盆に返らず)(諺)
　There is no accounting for tastes.
　　　　　　　　　- 趣味には説明が附かぬ(蓼食う虫も好き好き)(諺)
　There is no disputing about tastes.
　　　　　　　　　- 趣味について口論することは出来ない(諺)
　There is no living in love without suffering.
　　　　　　　　　- 悩みなしに愛し合って生きることは出来ない(諺)

A rolling stone gathers **no** moss.　　　　　　- 転石苔を生ぜず(諺)
All work and **no** play makes Jack a dull boy.
　　　　　　　- 勉強ばかりで遊びがないと、子供はのろまになる(諺)
Be it ever humble, there's **no** place like home.
　　　　　　　- どんなに貧しくても、家庭にまさる所はない(諺)

Bees touch **no** fading flowers.　　　　　- 蜜蜂は萎れる花には触れない(諺)
Good wine needs **no** bush.　　　　　　- 良きワインには看板は無用(諺)
Half a loaf is better than **no** bread.　- 半切れのパンは無いよりはまし(諺)
He who makes **no** mistakes makes nothing.
　　　　　　　　　　　- 過ちをしない者は何も行わない(諺)
If there were **no** cloud, we should not enjoy the sun.
　　　　　　　　- もし雲がなかったら、太陽を楽しむことはなかろう(諺)
If there were **no** receivers, there would be **no** thieves.
　　　　　　　- 故買人がいなかったら、盗人はいなかったろう(諺)
Ignorance of the law is **no** excuse for breaking it.
　　　　　　- 法律の無知では、法律違反の言訳けにはならない(諺)
It is a long lane (or way, or road) that has **no** turning.
　　　　　　　- どんな長い道でも、曲がり角はあるものだ(諺)
Love needs **no** teaching.　　　　　- 恋に手ほどき無用(諺)
Love sees **no** faults.　　　　　　- 恋には欠点は見えない(諺)
Poverty is **no** disgrace, but it is a great inconvenience.
　　　　　　- 貧困は不名誉ではなくて、大いなる不便だ(諺)
The sea refuses **no** river.　　　　- 海はどんな川も拒まない(諺)
There is **no** bush so small as to be without shade.
　　　　　　　- 影のないような小さな藪はない(諺)
There is **no** pleasure without pain.　　- 苦のない楽はない(諺)
There is **no** rose without thorns.　　- とげのないバラはない(諺)
There is **no** shame but thinking makes it so.
　　　　　- 恥なんてなくて、思うことが恥を恥とするのだ(諺)
There is **no** wheat without chaff.　- もみがらのない小麦はない(諺)
No day passes without some grief.
　　　　　- 多少の悲しみを伴わずに過ぎる日はない(諺)
No man can serve two masters.
　　　　　- 誰も二人の主人に仕えることはできない(諺)
No man can tell what the future may bring forth.
　　　　- 誰も未来が何をもたらしてくれるのかわからない(諺)
No man is born without faults.　- 何人も欠点なしには生まれない(諺)
No one has ever seen tomorrow.　- 誰も明日を見た人はいない(諺)
No protection is so sure as that of innocence.
　　　　　　- 潔白ほど確かな保護はない(諺)
There is **no** garden without weeds.　- 雑草のない庭はない(諺)
There is **no** honor among thieves.　- 泥棒の間では仁義はない(諺)
There is **no** pain so great that time will not soften.
　　　　- 時間が和らげないような大きな苦痛はない(諺)
There is **no** royal road to learning.　- 学問に王道なし(諺)
There is **no** rule without some exception.　- 例外のない規則はない(諺)
There is **no** shame in keeping silent if you have **nothing** to say.
　　- 何も云うべきことがないなら、黙っているのは全然恥ではない(諺)

There's **no** such thing as a free lunch.

- ただのランチなんてものはない(諺)

There is **no** such thing as eternal love.　- 永遠の愛なんてものはない(諺)

There is **no** such thing as perfect happiness.

- 完全な幸せなんてものはない(諺)

Time and tide wait for **no** man.

- 時の流れは人を待たない(歳月人を待たず)(諺)

　　次の様な形容詞句や副詞句の語法に **no**、あるいは **no** に近い否定の形容詞を含む場合もあります。　また、否定でない肯定の形容詞句もあります。

形容詞句 (前置詞+名詞)

A woman's advice is **of little value**, but he who won`t take it is a fool.

- 女の助言はほとんど価値のないものだが、それを
受け入れようとしない男は馬鹿だ(諺)

Bashfulness is **of no use** to the needy.

- はにかみは困窮者には無用なもの(諺)

He who is **of no use** to himself is **of no use** to anyone else.

- 自分自身に対して役に立たない人は他の誰に対しても役く立たない(諺)

In bad times active men are **of more use** than virtuous.

- 景気のよくない時には高潔な人よりも活動家の方が有用だ(諺)

When remedies are needed, sighing is **of no avail**.

- 救済が必要とされる時、溜息をつくのは何の役にもたたない(諺)

副詞句 (前置詞+名詞)

He is wise **to no purpose**, which is not wise for himself.

- 自分自身に対して賢明でない人は、賢明さも無駄である(諺)

It is annoying to be honest **to no purpose**.

- 全然効果もなく正直なのは迷惑なことだ(諺)

Labor is **in no way** disgraceful.

- 労働は如何なる面でも恥ずべきことではない(諺)

What may be done at any time is done at **no** time.

- 何時でも出来そうなことは、いつまでたってもなされない(諺)

部分否定、全否定、二重否定
(Partial, Total & Double Negations)

部分否定と全否定

　一般的に、否定には**全面的に否定**する場合と、「全部が全部・・・では
ない」という具合の**部分的に否定**する場合があります。　部分否定の文は、否定
の副詞　**not, never** 等が　**all, every, both** などの形容詞の付いた名詞あるいは
代名詞と一緒に使うことで作られます。　または副詞の **always** や **necessarily**
の前に **not, never** などを用いて部分否定文を作ることもあります。

All are **not** saints that go to church.
　　　　　　　　　　- 教会へ行くものは必ずしも聖人ばかりではない(諺)
All are **not** thieves that dogs bark at.
　　　　　　　　　　　- 犬が吠えつくものが必ずしも盗人ではない(諺)
All is **not** gold that glitters.　　　　- 光るものかならずしも黄金ならず(諺)
All meat pleases **not all** mouths.
　　　　　　　- すべての食べ物はすべての人の口を必ずしも喜ばせない(諺)
All truths are **not** (good) to be told.
　　　　　　　　　　- 事実の中には言ってよいことと悪いことがある(諺)
Everyone is **not** merry that +dances.　- 踊る者は必ずしも陽気ではない(諺)

Great men are **not always** wise.　　　　- 偉人は必ずしも賢明ではない （諺）
Flow of words is **not always** flow of wisdom.
　　　　　　　　　- 言葉の流れが必ずしも知恵の流れとは限らない(諺)
Things are **not always** what they seem.
　　　　　　　　　　　- 物事は必ずしも見掛け通りではない(諺)
We do **not always** gain by changing.
　　　　　　　　　　- 我々は必ずしも変化することで得はしない(諺)
A delay is **not necessarily** a denial.　　- 遅刻は必ずしも拒否ではない(諺)
Change isn`t **necessarily** progress.　　- 変化は必ずしも進歩ではない(諺)
Things that are mysterious are **not necessarily** miracles.
　　　　　　　　　　- 神秘的なものは必ずしも奇跡ではない(諺)

二重否定

　一つの文の中に、二つの否定の意味の単語を使って、ほぼ肯定と同じ意味を表すことがあります。　完全な肯定のニュアンスでない、含みのある言葉使いは日本語でもよく見掛けられます。　以下の諺の事例で、この用法に馴染んでください。

A wise man is **never less** alone than when alone.
- 賢者は独居する時に最も孤独でない(諺)

Anger is **never without** a reason, but seldom with a good reason.
- 怒りは理由を伴わないことはないが、めったに良き理由は伴わない(諺)

He who makes **no** mistakes makes **nothing**.
- 過ちをしない者は何も行わない(諺)

Love is **never without** jealousy.
- 恋に嫉妬が伴わないものはない(諺)

There is **no** pleasure **without** pain.
- 苦痛を伴わない喜びはない(諺)

It is **no** flying **without** wings.
- 翼が無ければ空は飛べない(諺)

Life is life**less without health.**
- 人生は健康でなくては人生ではない(諺)

No day passes **without** some grief.
- 多少の悲しみを伴わずに過ぎる日はない(諺)

No gain (or gains) **without** pain (or pains).
- 苦痛を伴わない利得はない(諺)

No gain **without** pain.
- 痛みなしくて利得もなし(諺)

No one is born **without** faults.
- 誰も欠点なしには生まれない(諺)

There is **no** evil **without** some good.
- なにがしかの善を伴わない悪はない(諺)

There is **no** garden **without** weeds.
- 雑草のない庭はない(諺)

There is **no** great loss **without** some gain.
- 何の利得も伴わない大損失なんてない(諺)

There is **no** rose **without** thorns.
- とげのないバラはない(諺)

There is **no** rule **without** some exception.
- 例外のない法則はない(諺)

There is **no** wheat **without** chaff.
- もみ穀のない小麦はない(諺)

You **cannot** make an omelette **without** breaking eggs.
- 卵を割らずにオムレツは出来ない(諺)

You **cannot** make bricks **without** straw.
- 藁なしでは煉瓦は出来ない(諺)

You **cannot** shift an old tree **without** it dying.
- 老木は移植すると死ぬものだ(諺)

The + 形容詞

A word **to the wise** is enough.　　　　　　　　・賢者には一言で足りる(諺)

Avoid contesting **with the powerful**.　　　　・強者達と争うことは避けよ(諺)

Be good **with the good** and bad **with the bad**.

　　　　　　　　　　　　・善人達には良くしろ、悪人達には悪くしろ(諺)

強調、倒置、省略、挿入、反復
(Emphasis, Inversion, Ellipsis, Parenthesis, Repetition)

強調構文

　通常、下記の強調構文の文は、**It is ....that** の部分を抜き去ると、普通の平叙文になります。　It is と that の間にある**句**が強調されるものです。

It is a good horse **that** never stumbles, and a good wife that never
　grumbles.　　　　　　　　　・どんなよい馬もつまづくもの、またどんな立派な
　　　　　　　　　　　　　　　　　　　　　　　　妻も愚痴はこぼすもの(諺)
It is a long lane **that** has no turning.　・いかに長い道も曲がり角にくる(諺)
It is an ill wind **that** blows nobody any good.
　　・何びとにも利するところなき風は悪風なり(風吹けば桶屋がもうかる)(諺)
It is not reason **that** governs love.　・恋を支配するのは理性ではない（諺)
It is not the beard **that** makes the philosopher.
　　　　　　　・あごひげをはやしても、哲学者にはなれない(諺)
It is the first step **that** is difficult.　　　　・難しいのは第一歩だ(諺)
It is the unexpected **that** always happens.
　　　　　　　　　・常に起きるのは、予測しないことだ(諺)

　また、次の事例のように、本動詞に助動詞 do を添えて、強調することもあります。

The course of true love **never did** run smooth.
　　　　　　　・真の恋の成り行きはけっして平坦には行かなかった(諺)
A reed before the wind lives on, while mighty oaks **do** fall.
　　　　　　　・風の前の葦は生きるが，一方強力な樫の木は倒れる(諺)

倒置

　特定の単語または句を文頭に持ってくることにより、主語と述語動詞
の位置がひっくり変える構造を倒置といいます。

After a calm comes a storm.　　　　　　　・凪の後に嵐が来る(諺)
After night comes the day.　　　　　　　・朝の来ない夜はない(諺)
As the twig is bent, **so grows** the tree.
　　　　　　　・小枝が曲がるにつれて、木もそのように育つ(諺)
Behind the clouds is the sun still shining.
　　　　　　　・雲の裏側には太陽がやはり輝いている(諺)

Blessed is he who expects nothing, for he shall never be disappointed.
- 期待しないものは幸いである、失望することがないから(諺)

Blue are the hills that are far away.
- 遠くにある丘は青い(諺)

Near is my shirt, but nearer is my skin.
- シャツは身近だが、皮膚の方がもっと身近(諺)

Only after you have crossed the river can you ridicule the crocodile.
- 川を渡りきった後にだけ、鰐をひやかすことが出来る(諺)

Uneasy lies the head that wears a crown.
- 王冠を戴くものは、心やすらかでない(諺)

What fortune has given, she cannot take away.
- 幸運が与えたものを取り去ることは出来ない(諺)

What the eye doesn't see the heart doesn't grieve over.
- 目で見ないものを、心は嘆かない(諺)

What the heart thinks, the tongue speaks.
- 心が考えることは、舌が喋る(諺)

What you are doing do thoroughly.
- やろうとしていることは徹底的にやれ(諺)

省略 （省略部分Δで表示）

A coward dies many deaths, a brave man Δbut one.
- 卑怯者は幾度も死ぬが、勇者はただ一度だけ死ぬ(諺)

A stitch in time saves nine Δ.
- 時宜を得た一針は九針の手間を省く(諺)

Bad money drives out good Δ.
- 悪貨は良貨を駆逐する(諺)

Grief is lessened when ΔΔimparted to others.
- 悲しみは、他人に話せば薄らぐ(諺)

He who begins many things, finishes but few Δ.
- 多くのことを始めるものは、少ししか仕上げない(諺)

If anything can go wrong, it will Δ.
- 災いの起きそうな場合は、きっと起きるもの(諺)

One good turn deserves another Δ.
- 恩に報いるに恩をもってする(諺)

Stones have been known to move and trees ΔΔΔ to speak.
- 石は動くもの、木は喋るものと知られて来た(諺)

Submitting to one wrong brings on another Δ.
- ひとつの悪に屈すると、別の悪を引き起こす(諺)

Times change and we Δwith them.
- 時世は変化し、我々もそれにつれて変わる(諺)

　次のような慣用句にも、省略が隠されています。　何が省略されているかを感知して下さい。

If possible	(if **it is** possible)
If necessary	(if **it is** necessary)
If any	(if **there is** any)

If possible, don`t tell your secrets to your friend.
- 出来ることなら、友達には秘密を告げるな(諺)
If possible, deliver it to my office tomorrow.
- 出来れば、今日私の事務所に配達してくれ
Come today, **if possible**. - 出来れば今日いらっしゃい

I will do it **if necessary**. - 必要なら、私がやりましょう
Correct errors **if any**. - 誤りあればただせ
Give what's left, **if any**, to the dog.
- 何か残り物があればこの犬に与えよ
There are very few, **if any**, mistakes. - 誤りはあるにしてもごく少ない
There are few errors, **if any**, in these sentences.
- これらの文章には誤りはあるにしても少ない

また、次のような慣用句も同じ考え方が可能です。

as ..... as possible　　(as ..... as it is possible)

Keep your tongue **as deep as possible**.
- 出来るだけ発言は慎め(舌は出来るだけ奥に置いとけ)(諺)
Seize today (or the day), trust tomorrow **as little as possible**.
- 今日(この日)を捕まえよ、明日は信じるのは出来るだけ少なく(諺)

挿入

Custom becomes, **as it were**, another nature.
- 習慣は云わば別の性質となる（諺）
Fortune, **good or bad**, does not last forever.
- 運命は、幸運であれ、悪運であれ、永遠に続かない(諺)
God comes at last when **we think** he is farthest off.
- 神は、我々が最も遠くにいると思っている時遂にやって来る（諺）
Promises ,**like pie-crust,** are made to be broken.
- 約束は、パイの皮のようなもので、破られるためにつくられる(諺)

反復

A white lie is harmless; **so is** a necessary one.
- 善意の嘘は無害だが、必要な嘘もそうである(諺)
In prosperous times, one has many friends; if fortune disappears,
　so do the friends.
- 繁栄の時人は多くの友を持つが、幸運が消えると、友も消える(諺)

語順（Word Order）

　以下に掲げる**形容詞**や**副詞**、**接続詞**等は、語順上注意すべき点があります。**冠詞、人称代名詞所有格、形容詞**等の語順を、以下の事例で習得してください。

All	（ 定冠詞 or 人称代名詞所有格 ＋ 形容詞 ）
Anything, Everything, Nothing, Something, Thing	（形容詞後置）
Both	（不定冠詞不要）
Each	（　　〃　　）
Either	（　　〃　　）
Every	（　　〃　　）
Half	（不定冠詞の前）
Many a	（不定冠詞の前に形容詞、単数扱い）
Neither	（不定冠詞不要）
So	（形容詞と一緒に不定冠詞の前の位置に出る）
Such	（　　　　〃　　　　）
Too	（　　　　〃　　　　）

All good things come to an end.　　　- すべての良き物にも終わりが来る(諺)
Don't put **all** your eggs in one basket.
　　　　　　　　　- 一つのバスケットに卵全部は入れるな(諺)
If one sheep leaps over the ditch, **all** the rest will follow.
　　　　　　- 一頭の羊が溝を越えると、残りすべての羊が従う(諺)
It will be **all** the same a hundred years hence.
　　　　　　　　　- 今から百年後も全く同じだろう(諺)
Make yourself **all** honey and the flies will devour you.
　　　　　- 君自身をすべて蜂蜜にしたら、ハエに食い尽くされよう(諺)
He is blind with **both** eyes open.
　　　　　　　　- 彼は両目を開いていてもものが見えない(諺)
Guard the health **both** of body **and** of soul.
　　　　　　　　- 体と魂の両方の健康をガードしなさい(諺)
Nothing can be done **both** hastily **and** prudently.
　　　　　　　- 何事も急いでかつ慎重に行うことは出来ない(諺)
Fortune knocks at least once at **every** man`s gate.
　　　　　　　- 幸運は各人の門を少なくとも一回は叩く(諺)
Every crow thinks its own bird bonniest.
　　　　　　- どのカラスも自分自身の子が最も美しいと思っている(諺)
Let **every** man praise the bridge he goes over.
　　　　　　　　- 誰にも自分の渡る橋は褒めさせよう(諺)
Man if he lives alone is **either** a god **or** an angel.
　　　　　- 人が一人で生活していれば、神か天使かのいづれかである(諺)
Choose **neither** women **nor** linen by candlelight.
　　　　　- 女もリネンもいづれも蝋燭の灯で選ぶな(諺)

Discreet women have **neither** eyes **nor** ears.

- 用心深い女達は眼も耳ももたない(諺)

Give **neither** counsel **nor** salt till you are asked for it.

- 求められるまでは、助言も塩もいづれも与えるな(諺)

He that hunts two hares at once will catch **neither**.

- 一度に二兎を追う者はいづれも捕まえられない(諺)

Many a good cow has an evil calf. - 多くの牛には悪い子牛がいる(諺)

Many a little makes a mickle. - 塵も積もれば山となる(諺)

Many a man serves a thankless master.

- 多くの人は感謝のない主人に仕えている(諺)

Many a true word is spoken in jest.

- 本当のことは冗談で言われることが多い(諺)

There's **many a slip** between cup and lip.

- コップと唇との間にもおおくのしくじりがある
(成功の目前に不首尾の意)(諺)

He led **too** busy **a** life to have much time for reflection.

- あまりに忙しい生活送ったので、ゆっくり考えるひまがあまりなかった

It was **too** difficult **a** problem for them.

- それは彼らには難しすぎる問題だった

This is **too** good **a** chance to lose.

- これは素晴らしいチャンスで逃せない

Everything **unnatural** is imperfect.

- 不自然なものはすべて不完全である(諺)

He that has much to do will do something **wrong**.

- 為すべきことがたくさんある人は何か悪いことをするもの(諺)

Half a loaf is better than no bread. - パン半切れもないよりはまし(諺)

A fair face is **half** a portion. - 美貌は持参金の半分(諺)

A good beginning is **half** a battle. - 良き始まりは戦い半ば(諺)

"They say" is **half** a lie. - 「人々が言っている」は半分は嘘(諺)

譲歩(Concession)の文型

　手もとの国語辞典によると、「譲歩」とは、自分の主張を通さずに、相手の考えを聞き入れることと、説明していますが、英語では、**譲歩の副詞節**の場合、

「たとえ...だとしても」
「なるほど...であるとしても」
「...ではあるが」
「...であっても」

といった意味を持ち、以下のような色々な**接続詞**を使用します。　広義の解釈の譲歩と考えてください。

although....	...ではあるけれど
... as....	...ではあるけれど、.... しても
be.......or.......	...であれ、...であれ　(命令形の文体)
even if........,	たとえ...であっても
for (with) all...	...にもかかわらず
however .....,	如何に...であっても
indeed, yet...	成程...であるが、
in fact, but...	事実上...であるが
It is true that..., but...	確かに...であるが、
No doubt... but....	確かに...であるが
no matter how	如何に...であっても
no matter which	如何にどっちを...しても
no matter what	如何に何を...しても
though.....	...といえ、であっても
unless........	...でないと
whatever.....	何を....とも
whatsoever......	どんなに...でも
wherever.......	...の場合はいつも
whether ...... or	たとえ...でもあるいは...でも
while	一方で
whosoever.....	誰が...しようとも

No man knows when he shall die, **although** he knows he must die.
　　　　　　　　　- 何人も、死ぬことは間違いないと知ってはいるが
　　　　　　　　　　　　　　　　　　何時死ぬかは知らない(諺)
Be it ever so humble, there is no place like home.
　　　　　　　　　- どんなに貧しくても、わが家に勝るところなし(諺)
No man loves his fetters, **be** they made of gold.
　　　　　　　　　- 誰も足かせを好まない、たとえ金で出来ていても(諺)

Even if words were jewels, silence would be preferable.
- 言葉は宝石だとしても、沈黙の方が望ましいものだろう(諺)

Two heads are better than one, **even if** the one's a sheep's.
- 二つの頭は、そのうち一つが羊の頭だとしても、一つの頭よりまし(諺)

However high a bird **may** soar, it seeks its food on earth.
- 鳥はどんなに高く飛翔しても、大地上の食べ物を求める(諺)

It is true that the job was difficult, **but** that`s not a good excuse for your failure.
- その仕事が難しかったのは確かだが、それは君の失敗の言訳にはならない

The tail of the fox will show **no matter how** hard he tries to hide it.
- キツネの尻尾は、どんな一生懸命隠そうとしても、現れるもの(諺)

No matter how far you have gone on a wrong road, turn back.
- 間違った道をどんなに遠くまで行ったとしても、戻れ(諺)

No matter how much you feed a wolf, he will always return to the forest.
- 狼にどんなに餌を与えても、常に森に帰って行くもの(諺)

Follow your own bent, **no matter what** people say.
- 人が何と言おうとも自分自身の天分に従いなさい(諺)

No man loves his fetters **though** made of gold.
- 誰も自分の足かせは好まない、たとえ金でつくられたものでも(諺)

Poison is poison **though** it comes in a golden cup.
- 毒は毒である、たとえ金のカップの中にあっても(諺)

Though a tree grow ever so high, the falling leaves return to the root.
- 木はずっと高く成長するけど、落ち葉は根っこに戻る(諺)

Though the wound be healed, yet a scar remains.
- 傷は癒えたとしても、傷痕は残る(諺)

No man can be a good ruler, **unless** he has first been ruled.
- 何人も最初に支配された経験がないと立派な支配者にはなれない(諺)

Never cheapen **unless** you mean to buy.
- 買う積もりがないならば、値下げるな(諺)

Unless what we do is useful, glory is vain.
- 我々の為すことが有用でなければ、栄光は無駄だ(諺)

Whatever you do, do with all your might.
- 何をするにも、君の力のすべてをもってやれ(諺)

Bad men leave their mark **wherev6er** they go.
- 悪人達は何処へ行こうとも痕跡を残す(諺)

Wherever nature does least, man does most.
- 自然が最も手を施さないところで人間は最も手を染める(諺)

Whether sugar be white **or** black, it preserves its proper taste.
- 砂糖は白くても黒くても、適正な味を保持している(諺)

A man can hope for anything **while** he has life.
- 人は命がある限り、何事も望むことが出来る(諺)

Make hay **while** the sun shines.
- 太陽の輝く間に干し草を作れ(好機を逃すな)(諺)

Strike **while** the iron is hot. ・鉄は熱いうちに打て(諺)

While two dogs are fighting for a bone, a third runs away with it.
　　　・二匹の犬が一つの骨を争っている時、別の犬がそれを持って去る(諺)

Whosoever shall smite thee on the right check, turn to him the other
　also. 　　　・汝の右の頬を打つものあれば、左の頬も向けよ(諺)

句と節 (Phrase & Clause)

　二つ以上の単語の集まりであって、その中に主語と述語動詞を含まない単語群を**句**と呼びそれには次のような三種類があります。

　　句　　名詞句
　　　　　形容詞句
　　　　　副詞句

　一方、**接続詞**に導かれて、主語と述語動詞を含む、完全な文の形態を取るものを、**節**と呼び、それには次の三種類があります。

　　節　　名詞節
　　　　　形容詞節
　　　　　副詞節

　副詞節には、未来形は使用しないで、現在形で代用することになっていますが、名詞節には未来形を使用するというルールになっています。

名詞句 (Noun Phrase)

　名詞句とは、名詞の機能を持つ、名詞相当語で構成される語群で、**形容詞句を含む名詞、動名詞句、不定詞句**があります。

Corruption of the best becomes the worst.
　　　　　　　　　　　　　　- 最善のものが腐敗すると最悪になる(諺)
Don't go near the water until you learn **how to swim**.
　　　　　　　　　　　　　　- 泳ぎ方を学ぶまでは水に近づくな(諺)
It's like **looking for a needle in a haystack**.
　　　　　　　　　　　　- 干し草の中で縫い針を探す様なもの(諺)
It is never too late **to mend**.　　　- 改めるに遅すぎることはない(諺)
It takes two **to make a quarrel**.　　　- 喧嘩するには二人が必要(諺)
It is too late **to grieve** when the chance is past.
　　　　　　　　　　　- 好機が通りすぎて、嘆いても遅すぎる(諺)
Pardoning the bad is injuring the good.
　　　　　　　　　　- 悪人を許すことは善人を害することになる(諺)
Pouring oil on the fire is not the way to quench it.
　　　　　　　　　　- 火に油を注ぐことは、それを消す方法ではない(諺)
You cannot make an omelette without **breaking eggs**.
　　　　　　　　　　- 卵を割らずにオムレツを作ることはできない(諺)

形容詞句（Adjective Phrase）

　　形容詞句とは、形容詞相当語の一種で、通常は、前置詞を含む名詞相当語で構成し、名詞または名詞相当語を修飾します。

A bird **in the hand** is worth two **in the bush**.
　　　　　　　　　　　　- 手中の一羽は、薮の二羽に値する(諺)
A stitch **in time** saves nine.　　　　- 今日の一針、明日の十針(諺)
Birds **of a feather** flock together.　- 同じ羽の鳥はともに集まる(諺)
Satan always finds work **for idle hands**.
　　　- 悪魔は怠け者の仕事を見つける(小人閑居して不善をなす) (諺)
Punctuality is the soul **of business**.
　　　　　　　　　　　- 時間の厳守はビジネスの真髄である(諺)
The worth **of a thing** is what it will bring.
　　　　　　　　　- 物の価値はそれが何をもたらすかだ(諺)

副詞句（Adverbial Phrase）

　　副詞句とは、副詞相当語の一種で、通常は、前置詞を含む名詞、動名詞、動名詞句、不定詞、不定詞句で成り立ち、動詞を修飾するものです。

A growing youth has a wolf **in his belly**.
　　　　　　　　　　- 育ち盛りの若者の胃の中には狼がいる(諺)
By doing nothing we learn to do ill.
- 何もしないことで悪事をすることを学ぶ(小人閑居して不善をなす)(諺)
He sets the fox **to keep the geese**.
　　　　　　　　- キツネにがちょうの番をさせる(猫に鰹節)(諺)
One is never too old **to learn**.
　　　- 学ぶのに歳をとり過ぎていることはない(六十の手習い)(諺)
The sun loses nothing **by shining into a puddle**.
　　　　　　　- 太陽は泥を照らしても何も失なわない(諺)

形容詞節（Adjective Clause）

　　形容詞節とは、関係詞に導かれて、先行詞を修飾する機能を持つ語群を表します。

He **that fears drowning** comes near no wells.
　　　　　　　- 水死を恐れるものは、決して井戸に近づかない(諺)
He **who has been bitten by a serpent** is afraid of a rope.
　　　　　　　- 蛇にかまれた者はロープを怖がる(諺)

The boughs **that bear most** hang lowest.
- 一番実のなっている枝が最も垂れ下がる
(実のるほど頭の下がる稲穂かな)(諺)
Those **who live in glass houses** should never throw stones.
- ガラスの家に住んでいる人々は決して石を投げてはならない(諺)
Cross the stream **where it is shallowest**. - 川は浅瀬を渡れ(諺)
Every one leaps over the dyke **where it is lowest**.
- 誰でも垣根は一番低いところを越える(諺)

名詞節　(Noun Clause)

　名詞節とは、**従属接続詞、疑問詞、関係詞**に導かれて、文中で**主語、目的語、補語**などの機能を持つものです。

Believe nothing of **what you hear**, and only half of **what you see**.
- 聞くことは何も信じるな、見ることの半分だけを信じよ(諺)
Do to others **what you would be done by**.
- 己の欲する所を人に施せ(諺)
If red the sun begins his race, expect **that rain will flow apace**.
- 太陽が赤く運行を始めたら、雨が近いと知れ(諺)
Life is **what you make**. - 人生は自分が作るもの(諺)
Never tell your enemy **that your foot aches**.
-足が痛いなんて敵には告げるな(諺)
The worth of a thing is **what it will bring**.
- 物の価値はそれが何をもたらすかだ(諺)
Things are seldom **what they seem**.
- 物事は、めったに見かけ通りではない(諺)
You may see by a bit **what the bread is**.
- 一口でそのパンがどうなのかがわかるかもしれない(諺)
You never know **what you can do till you try**.
- 自分でやるまで、自分で何ができるかわからない(諺)
We soon believe **what we desire**. - 人は欲するものをすぐに信じる(諺)
What costs little is little esteemed.
- 殆ど費用のかからないものは、殆ど尊重されない(諺)
What everybody says must be true.
- 誰もが言うことは、真実に違いない(諺)
What goes up must come down.
- 上がっていくものは下がっくるに違いない(諺)
What is bred in the bone will never come out of the flesh.
- 骨の中に育てられたものは、けっして肉から外へはでない
(三つ子の魂百まで)(諺)
What is done cannot be undone.
- 為されたことは、元に戻すことはできない(覆水盆に返らず)(諺)

148

What is learned in the cradle is carried to the grave.

- 揺りかごで学んだことは、墓場まで持ち込まれる
(スズメ百まで踊り忘れず)(諺)

What may be done at any time is done at no time

- 何時でもできそうなことは、いつになってもなされない(諺)

What soberness conceals, drunkenness reveals.

- 素面が隠すものは、酔っぱらうと露呈する(諺)

What the eye doesn't see the heart doesn`t grieve over.

- 目で見えないものは、心が悲しむことはない(諺)

What the heart thinks, the tongue speaks.

- 心が思うことは、舌がしゃべる(諺)

What you don't know won`t (or can`t) hurt you.

- 知らないことで、心が痛むことはない(諺)

What you've never had, you never miss.

- 手に入れたことがないものがないといって、惜しがることはない(諺)

You cannot lose **what you never had**

- 手に入れたことがないものを、失うことはありえない(諺)

What (or Whatever) man has done, man can do.

- 人間のしたことは、人間はやれるものである(諺)

Whatever is worth doing at all, is worth doing well.

- いやしくもやる価値のあるものは何でも、立派にやる価値がある(諺)

副詞節 (Adverbial Clause)

　以下の事例でわかるように、副詞節とは、接続詞で導かれる従属文で、主文の動詞を修飾する副詞の機能を持つものです。

When all you have is a hammer, everything looks like a nail.

- 持っているものが金槌だけの場合、すべのものが釘に見える(諺)

When children stand quiet, they have done some ill.

- 子供が静かにしている時は、何か悪いことをしてしまっている(諺)

When love is greatest, words are fewest.

- 愛が最大なら、言葉は最少(諺)

When one door shuts, another opens.

- 一つのドアが閉まれば、別のドアが開く(諺)

When shared, joy is doubled and sorrow halved.

- 分かち合えば、喜びは倍加し、悲しみは半減する(諺)

When the cat is away, the mice will play.

- ネコのいない間は、ネズミが遊ぶ(鬼の居ぬ間の洗濯)(諺)

When poverty comes in at the door, love lies out of the window.

- 貧乏が戸口に入ってくると、愛は窓の外にいる(諺)

Where there is a will, there is a way.

- 意志のあるところには、道がある(精神一到何ごとか成らざらん)(諺)

If a thing's worth doing, it`s worth doing well.
- あることがやる価値があれば、立派にやる価値があるものだ(諺)

If anything can go wrong, it will.
- 災いの起きそうな場合は、きっと起きるもの(諺)

If at first you don't succeed, try, try, try again.
- もし最初に成功しないならば、幾度も試みよ(諺)

If you don't make mistakes you don`t make nothing.
- ミスをしないならば、何もしないことになる(諺)

If you lie upon roses when young, you will lie upon thorns when old.
- 若い時にバラの花の上に寝れば、年取った時は
イバラの上に寝ることになる(諺)

If you play with fire you get burned.
- 火遊びすれば、火傷することになる(諺)

If you run after two hares you will catch neither.
- 二兎を追うものは、とちらも捕まえられない(諺)

If you want a thing well done, do it yourself.
- ことをうまくやりたいと思えば、自分自身でやれ(諺)

If you want something done, ask a busy person.
- 何かをしたいと思ったら、忙しいひとに頼め(諺)

時制の一致

動詞は、文字通り、動きの詞であり、主語の有様や動きを表す働きの部品です。　日本語には見られない程、英語には、過去、現在、未来に合わせて、次の様に、12 の表現形態が存在します。

12 の時制　（更に能動態と受動態のバリエーション）

1. 過去形
2. 現在形
3. 未来形

4. 過去進行形
5. 現在進行形
6. 未来進行形

7. 過去完了
8. 現在完了形
9. 未来完了形

10. 過去完了進行形
11. 現在完了進行形
12. 未来

時制の一致（The Sequence of Tenses）

　日本語では「一致」と訳されていますが、Sequence とは時間的な連続性、順番を意味します。　一つの文章の中に、**主文**と**従属文**の中に使用される動詞の時制に矛盾が起きない様に、合致させることを意味します。

　以下の文例で、以上の説明を理解してください。　主文の **know(現在形)** が **knew(過去形)** に変わったことで、what 以下の従属文の動詞がそれ相応に変化していることに注目してください。　もし、主文の動詞が現在形から過去形に変わったのに、従属文の動詞の時制を対応させないと、不都合なことが発生するのです。

I **know** what he **is doing**.　　　→　I **knew** what he **was doing**.

I **know** what he **has done**.　　　→　I **knew** what he **had done**.

I **know** what he **did**.　　　→　I **knew** what he **had done**.

I **know** what he **had done**.　　　→　I **knew** what he **had done**.

I **know** what he **will do**.　　　→　I **knew** what he **would do**.

I **know** what he **will have done**.　→　I **knew** what he **would have done**.

後続の 2 頁にわたる展開で、日本語では見られない「時の流れ」に従った変化を理解し、把握しましょう。

上記の時制の一致の原則に従わない、四つのケースがあります。

1. 時間と関係のない**一般的事実や真理**を述べる場合

   Columbus proved that the world **is** round.
   - コロンブスは世界が丸いことを証明した
   The teacher told us that honesty **is** the best policy.
   - 先生は、正直は最良の方策と我々に告げた

2. **現在でも通用する事柄**を述べる場合

   He said he **has** a cold bath every day.
   - 彼は毎日冷水浴をしていると言った
   The police said that the first bus **starts** at 6:00 a.m.
   - その警官は、始発のバスは午前6時に出ると言った

3. **歴史上の事実**を述べる場合

   We learned that Columbus **discovered** America in 1492.
   - コロンブスが1949年にアメリカを発見したことを学んだ
   The student found why the French Revolution **broke out** in 1789.
   - その学生はフランス革命が1789年に何故起きたのかを知った

4. **仮定法の用法**の場合

   He looks as big **as if** he **had** eaten bull beef.
   - 彼は牛肉を食べたみたいに威張りくさった顔つきをしている(諺)
   Live every day **as though** it **were** last.
   - 毎日、恰もこれが最後の様に、生きなさい(諺)

既に述べたように、英語の時制には、12種の時制が存在しますが、日本語の言語構造及び概念には、全然存在しませんので、当初、しっかり理解する必要があります。　日本語には、"結論ありき"位の表現の変な、古語と現代語のまじりあった用法しか存在しません。　後続の2頁展開の、時の流れに沿った、過去、現在、未来の展開図で、英語の時制が何を表すのか、的確に理解・把握して下さい。

時制 (Tense)

　手元の国語辞書によると、時制とは「英語、ドイツ語、フランス語などで過去、現在、未来等、時に関する言い表し方の違いで、動詞の語形が変化する言語上の特徴的な組織」テンス(Tense)と説明されている。　時の流れに沿って、具体的な事例を示します。　現代の日本語では、この様な時制に対応するものは、全然存在しないので、充分留意する必要があります。

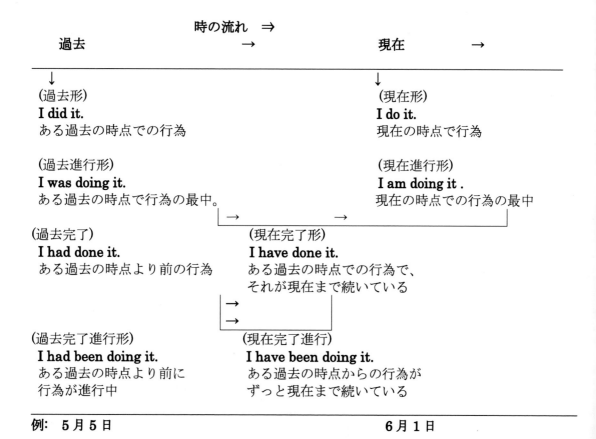

例： 5月5日　　　　　　　　　　　　　　　　6月1日

　上記に例として示した日時、6月1日を現在とすれば、5月5日は過去の一時点であり、I did it. はその日行為があったことを表し、I was doing it.は、丁度その日、行為が進行中であったことになります。　I had done it. と I had been doing it. はそれより前の時間に行為があった、あるいは進行中だったことになります。

　英語には、下記の12の動詞のパターンで、実に巧みに、出来事の発生時点を明確に表明する機能があるのです。　次に示す動詞の形の組み合わせを変えるだけで、時制を作り出せるのです。

1.	動詞の過去形	2.	Be 動詞+現在分詞
3.	Have 動詞+過去分詞	4.	未来形を表す助動詞

→　　未来　　　　　　　　→

↓

(未来形)

I will do it.

未来のある時点で行為。

(未来進行形)

I will be doing it.

未来のある時点での行為の最中。

(未来完了形)

I will have done it.

未来のある時点での行為の完了。

(未来完了進行形)

I will have been doing it.

未来のある時点での行為の最中。

６月1 日以降

　話し手が、上記の内容の発言をしたとすれば、まだ行為が起きていない状態であることを意味し、未来形の助動詞 **will(or shall)** の使用によって、６月１日以降の未来の時点に発生する筈であることを表明します。

文の種類 (Kinds of Sentences)

通常、文は、大別して、次の二種類の分類の仕方があります。

意味上の分類

平叙文 (Declarative Sentence)
肯定文 (Affirmative Sentence)
否定文 (Negative Sentence)
命令文 (Imperative Sentence)
肯定文
否定文
疑問文 (Interrogative Sentence)
肯定文
否定文
感嘆文 (Exclamatory Sentence)
肯定文
祈願文 (Optative Sentence)

構造上の分類

単文 (Simple Sentence)
重文 (Compound Sentence)
複文 (Complex Sentence)

一般に、意味上の分類 5 種類には、感嘆文および祈願文を除いて、それぞれに**肯定文**と**否定文**の 2 種類があります。

1. **平叙文** （単に事実や考えを飾らず、平たく述べる文）

   肯定文　　Every man has his faults.
   　　　　　　　　　　　- だれにも欠点はあるもの （無くて七癖)(諺)
   否定文　　Eagles don't catch flies.
   　　　　　　　　　- 鷲はハエを捕えない(鷹は餓えても穂を摘まず)(諺)

2. **命令文** （相手に向かって**命令、要求、依頼、忠告、禁止**などを表
   　　　　　す文、**動詞の原形**で始める）

   肯定文　　Catch your bear before you sell its skin.
   　　　　　　　　　　　　　- 熊の皮を売る前に熊を捕らえよ(諺)

Be just before you are generous.
- 気前良くする前に、まず義務を果たせ(諺)

Boys, be ambitious. - 少年よ、大志を抱け(諺)

Laugh and be fat. 笑って太れ(笑う門には福来る)(諺)

直接、二人称に対してでなくて、三人称に命令を向ける場合、
Let を用いる。

Let sleeping dogs lie. - 寝ている犬はそのままにしておけ(諺)

Let your purse be your master.
- 君の財布を君の主人にせよ(諺)

Let tomorrow take care of tomorrow.
- 明日のことは明日に面倒見させよう(諺)

否定文　**Don't** judge a book by its cover.
- 本の中身を装丁で判断するな(諺)

Don't be silly. - 馬鹿なことをいうな

Never do things by halves.
- 物事は中途半端でやめるな(諺)

3.　　**疑問文**　（ものをたずねる文で、助動詞の Do または他の助動詞
が本動詞につき、**疑問符(?)**が文尾に付く、また疑問代
名詞か疑問副詞がつくものがある。）

肯定文　Can a mouse fall in love with a cat?
- ネズミが猫と恋に落ちることはあり得ますか(諺)

Who will bell the cat? - だれが猫に鈴をつけるか(諺)

Who can read the future?
- だれが将来を読めるか(一寸先は闇)(諺)

What is the good of a sundial in the shade?
- 日陰の日時計が何の役に立つか(諺)

What is home without a mother?
- 母のいない家庭は何だ(諺)

否定文　Why don't you read this book?
- この本読んで見てはどうですか

4.　　**感嘆文**　（文尾に**感歎符(!)**をつけた文、驚き、喜び、悲しみなどを
表すもの、**How** または **what** の副詞が文頭につくもの）

肯定文　What a shame it is to die so young!

- そんなに若くて死ぬとは、あんまりだ

How fast the train run!

- あの列車はなんと速く走るのだろう

How pitiable is he who cannot excuse himself!

- 詫びることの出来ない人はなんと哀れなことか(諺)

How sweet to remember the trouble that is past!

- 過ぎ去ったトラブルを思い出すのは
なんと気持ちいいことか(諺)

No man is so rich as to say, "I have enough!"

- 自分は十分に所有していると云うほど何人も
豊かではない(諺)

5. **祈願文**（必ず、**May** が文頭にくる文で、願望や祈願をこめた内容
のもの）

May you be very happy!　　　　　- ご多幸を祈る
May the lord protect you!　　- 神の御加護を祈ります

肯定文

Joy and sorrow are next door neighbors.

- 喜びと悲しみは隣同士（諺）

Idleness is the root of all evil.　- 怠惰は諸悪の根源である(諺)
Hunger is the best sauce.

- 空腹が最上の調味料である(ひもじい時のまずい物なし)(諺)

否定文

A liar is **not** believed when he speaks the truth.

- ウソつきは、真実を語る時信じられない(諺)

A woman's sword is her tongue, and she does **not** let it rust.

- 女の剣は、その舌にあり、けっしてそれを錆びさせない(諺)

A fool and wealth **cannot** possess each other.

- 愚者と金はお互いを共有しない(愚者と金は相性が悪い)(諺)

A house divided **cannot** stand.　　- 分裂した家は立ちゆかない(諺)
A watched pan (or pot) **never** boils.

- 見つめる鍋は煮え立たない(待つ身は長い) (諺)

A constant guest is **never** welcome.

- いつも来る客は歓迎されない(諺)

命令文

Be a friend to yourself and others will befriend you.
- 自分自身に友達となれ、すると他人が友になる(諺)

Be slow in choosing a friend, but slower in changing him.
- 友を選ぶ時はゆっくりしなさい、しかし友を変える時はもっとゆっくりしなさい(諺)

Be the last to come and the first to go.
- 最後に来て、最初に去るようにしなさい(諺)

Keep something for a rainy day.
- 万が一にそなえて、なにがしかを蓄えよ(諺)

Know thyself.
- 汝自身を知れ(諺)

Know which side one's bread is buttered on.
- パンのどちら側にバターが塗ってあるかを知れ(諺)

Know your own faults before blaming others for theirs.
- 他人の欠点を責める前に自分の欠点を知れ(諺)

Let bygones be bygones.
- 過去をして過去たらしめよ(既往は咎めず)(諺)

Let every man praise the bridge he goes over.
- 誰も皆自分が渡る橋を称賛させよう(世話になっている人の悪口を云わないことにしよう)(諺)

Let the buyer beware.
- 買い物をするものは用心を心がけよ(諺)

Live every day as though it were last.
- 毎日を明日なきものとして生きよ(諺)

Look before you leap.
- 飛ぶ前に見よ(転ばぬ先の杖)(諺)

Look on both sides of the shield.
- 盾の両面を見よ(諺)

Love your neighbor as yourself.
- 隣人を汝自身のごとく愛せ(諺)

Don't put the cart before the horse.
- 馬の前に荷車をつなぐな(本末転倒)(諺)

Don't quarrel with your bread and butter.
- 自分の飯の種(収入源)と言い争うな(諺)

Don't teach your grandmother to suck eggs.
- 祖母に卵の吸い方を教えるな(釈迦に説法)(諺)

Never look a gift horse in the mouth.
- 贈り物の馬の口の中を覗くな(贈り物にけちをつけるな)(諺)

Never speak ill of the dead.
- 死者を悪く言うな(諺)

Never spur a willing horse.
- 自発的な馬に拍車はかけるな(諺)

Never judge by appearances.
- 見かけで判断するな(諺)

疑問文

If winter comes, can spring be far behind?

· 冬来たりなば、春遠からじ(諺)

What can you expect from a hog (or pig) but a grunt?

· 豚からブーブー声以外の何が期待できるか(諺)

What is a workman without his tools

· 道具なしで職人が何の役に立つか(目標達成
には手段や方法が大切) (諺)

What will Mrs. Grundy say?

· グランディ夫人は何というか(世間の人は何ていうか)(諺)

What's in a name?　　　　· 名前がなんだ(中身が外見をつくる) (諺)

Why buy a cow when you can get milk for free?

· ミルクがただで手に入るのに、なぜ牛を買うのか(諺)

Why keep a dog and bark yourself?

· 犬を飼いながら、なぜ自分で吠えるのか
(指導者は部下を信頼し、仕事は任せろ) (諺)

　以上色々な種類の文章を示しましたが、今度は、逆に、こういった文章の作り
方の基本を示します。　平叙文が基本なので、それを示して、別の種類の文に変
換する形を示します。

疑問文の作成

1. Be 動詞、Have 動詞、または助動詞のついている場合は、それを主語の前
に出し、文の終わりのピリオッドの代わりに**? (Question Mark)**を置く。

He is a clever man.　　　→　　Is he a clever man?

彼は頭のいい人ですか

He has a big car.　　　　→　　Has he a big car?

彼は大きな車を持っていますか

She can do it quickly.　　→　　Can she do it quickly?

彼女は素早くそれをできますか

2. Be 動詞、Have 動詞以外の Do 動詞の場合には、Do, Does(三人称単数の主
語の時), Did を主語の前に置き、動詞は原形にする、あるいは現在完了形ま
たは過去完了形の場合は、Have, Had を主語の前に置く。勿論、Question
Mark を文尾に付ける。

They go to town every week. →　**Do they go to town every week?**

Did anyone ever become poor by giving alms?
- 施し物を出すことで誰か貧乏になった人がいますか
He ran every day.　　　　　　→　**Did** he run every day?
He runs everyday.　　　　　　→　**Does** he run everyday?
They have accomplished it.　→　**Have** they accomplished it?

3.　次に示す**疑問詞**や**疑問代名詞**を用いる疑問文は、文頭に疑問詞を置き、あとは通常の疑問文をつなぐ。

疑問副詞	意味	備考
When	いつ	時
Where	どこに、どこで、どこへ	場所
Why	なぜ	理由
How	どんなふうに、どれほど、どんな状態で、どうして	方法、程度、状態、理由

When will he come back?　　　　　- 彼は何時帰ってきますか
Where do you live?　　　　　　　- 何処にお住いですか
Why do they go there?　　　　- 何故彼等はそこへ行くのですか
How did you come to know him?
- どうして彼を知るようになったのですか

If things did not break, or wear out, **how** would tradesmen live?
- もし物が壊れたり、磨滅しなかったら、どうやって商人は生きていくのか？（諺）
How can the foal amble if the horse and mare trot?
- 馬と馬の子がトロットするならば、ロバの子はどんな風に歩み方をしたらいいのか？（諺）

疑問代名詞	主格	所有格	目的格
人	**Who**(だれが)	**Whose**(だれの)	**Whom**(だれを)
人・物	**What**(何が)	-	**What**(何を)
人・物	**Which**(どれが)	-	**Which**(どれを)

Who can blind a lover's eyes?
- 誰が愛人の眼を盲目にすることが出来るか（諺）
Who can deceive a love　　　- 誰が愛人を騙すことが出来るか（諺）
Who can give law to lovers?
- 恋人達に誰が法律を与えることができるか（諺）

160

Who shall tie the bell about the cat's neck?

　　　　　　　　　　　　　　　- 猫の首に誰が鈴を結びつけるか (諺)

Whose bag is this?　　　　　　　　- これは誰のバッグですか

Whom did you accompany?　　　　　　- 誰を同伴したのですか

What is there that love will not achieve?

　　　　　　　　　　　　　　- 恋が達成しないものに何があるか (諺)

What's worse than ill luck?

　　　　　　　　　　　　- 不運以上に悪いもので何があるか (諺)

What did you do for him?　　　　- 彼のために何をしたのですか

Which is yours?　　　　　　　　- どっちが君のものですか

Which have you selected for her?

　　　　　　　　　　　　- 彼女のためにどっちを選定したのですか

次の様な**疑問形容詞**を用いる場合は、形容詞の修飾する名詞を文頭に出して、疑問文を作ります。

対象物	疑問形容詞	備考
物	**Whose**(だれの)	
人・物	**What**(どんな)	
人・物	**Which**(どの、どちらの)	

Of **what** use are laws nullified by immorality?

　　　　　　　- 不道徳な行為で無効になった法律に何の効用があるか (諺)

What limit is there in love?　　　- 恋にはどんな限界があるのか (諺)

What use is wisdom when folly reigns?

　　　　　　　- 愚行が勢力をふるっている時知恵はどんな効用か (諺)

They are theirs.　　　　→　　**Whose** bags are these?

I like green.　　　　　→　　**What** color do you like?

That's the old one.　　→　　**Which** camera can I use?

付加疑問文の作成

　話し手が、相手に確認あるいは同意を求める形の文章があります。　こういう形式の文章を付加疑問文といいます。　日本語では、「.......じゃないですか」、あるいは「......ですよね」の形態の文章です。

　次の様に、付加疑問文(Tag Question Sentence)は、肯定文の後に、否定の省略疑問文を付加することで作成します。　逆に、否定文の後に、肯定文の省略疑問文を付けて作成します。

161

The young man is a professor, **isn't he**?

- あの若い人は教授ですよ、ね

She has passed the examination, **hasn't she**?

- あの娘は試験にパスしたんですよね

The house there isn't new, **is it**?

- あそこの家は新しくないですね

The building was constructed one year ago, **wasn't it**?

- あのビルは1年前に建てられたものですよね

否定文の作成

　　肯定文を否定文に変えるには、本動詞の前に、助動詞と否定の副詞 not を付加します。ただし、本動詞の時制に合わせて、助動詞の時制も一致させます。　Never を使いう否定形の時は、自動詞を使わず、本動詞の前に直接置いて、否定文を作成します。

We normally **do not** work on Saturdays and Sundays.

- 我々は通常、土曜日と日曜日は仕事をしない

We **do not** make such a thing.　　- 我々は、こんなものは作らない

They **did not** go there.　　　　- 彼等はそこには行かなかった

He **does not** study much.　　　　- 彼はあまり勉強しない

She **never** goes out at night.　- 彼女は夜間はけっして外出しない

You should **never** swim alone in this river.

- 君は、この川では絶対一人で泳いではいけない

命令文の作成

1.　主語の you は通常省略して、動詞の原形を文頭に置く。
　　（語気を強めて、お前がという場合、You を文頭に置くこともある）

　　You do it more quickly.　　→　Do it more quickly.

2.　否定の命令は、Be 動詞、Have 動詞、また Do 動詞すべてに対して
　　Don`t + 動詞の原形で始める。　ただし、Never を用いる場合は、
　　Don`t の代わりに、Never を文頭に置く。

　　You play tennis there.　　→　　Don't play tennis there.

- そこではテニスするな

　　You are so lazy.　　　　→　　Don't be so lazy.

- そんなに怠惰にするな

感嘆文の作成

　感嘆文は、副詞の **How** と **What** を用いて、特定の**形容詞、副詞、名詞句**を強調する構文で、文尾には必ず **! (Exclamation Mark)** が付く。　平叙文をまず作成して、以下の様に、特定の形容詞、副詞、名詞句の頭に、How か What を付け、文頭に持ってくれば、感嘆文は完成します。　主語と述語動詞の位置は変わりません。

Time flies <u>fast</u>.	→	**How** fast time flies!
She looks <u>beautiful</u>.	→	**How** beautiful she looks!
She is <u>a beautiful girl</u>!	→	**What** a beautiful girl she is!
These are <u>beautiful flowers</u>.	→	**What** beautiful flowers these are!

　構造上の分類によると、文は、**単文、重文、複文、混合文**の５種類に分けられます。

　単文は、文字通り、主語と述部からだけで成り立つ、単一な文構文です。単語や句が等位接続詞でつながれていても単文に変わりはありません。

All good things come to an end.　　　- どんなよいことも終わりがある(諺)
All work and no play makes Jack a dull boy.
　　　- 勉強ばかりで遊ばないと子供は馬鹿になる(よく学びよく遊べ)(諺)
Time and tide wait for no man.
　　　　　　- 時間と潮の干満は人を待たず(歳月人を待たず)(諺)

　重文は、次のような**等位接続詞**を用いた、二つ以上の文がつながっている文構文のものです。(等位とは、**文法上対等の位置**にあることを意味する)

等位接続詞	意味	備考
and	そして、それから	並列
but	しかし	逆説
for	というのは	追加的理由、口語では because
nor	もまた……でない	否定を重ねる
Or	あるいは、またはそうでないと	選択
so	そこで、	結果

A woman's sword is her tongue, **and** she does not let it rust.
- 女の舌は剣であり、けっして錆びさせない(諺)

Hope for the best **and** prepare for the worst.
- 最善を望み、そして最悪に備えよ(諺)

The spirit is willing, **but** the flesh is weak.
- 心は勇んでも肉体が弱ると何もできない(諺)

Water is a boon in the desert, **but** the drowning man curses it.
- 水は砂漠では恵みだが、溺れる者は水を呪う(諺)

Take time by the forelock, **for** she is bald behind.
- 時間は前髪で掴め、何故なら後ろは毛がないから(諺)

Blessed is he who expects nothing, **for** he shall never be
disappointed.
- 何も期待しない人は幸いである、何故なら
けっして失望しないから(諺)

Don't make yourself a mouse, **or** the cat will eat you.
- 自分をネズミにするな、さもないと猫に食われる(諺)

Persevere, **or** you will fail. - 辛抱しなさい、さもないと失敗するよ

It was late, **so** I went home. - 遅くなったので、私は家に帰った

He looked honest, **so** I trusted him completely.
- 彼は正直そうに見えたので、私は彼完全に信じた

Alms do not exhaust the purse, **nor** a mass the day's duty.
- 施しは財布を空っぽにしないし、ミサは日課でもない(諺)

No love is foul, **nor** prison fair.
- どんな恋も悪くないし、どんな監獄もきれいではない(諺)

The race is not to the swift, **nor** the battle to the strong.
- 競技は足の早い者に対してあるのでなく、また戦争は
強者のためにあるのではない(諺)

　複文は、従属接続詞を含む二つ以上のつながっている文の構文のもので
す。

Don't go near the water **until** you learn how to swim.
- 泳ぎ方を習うまでは水に近づくな(諺)

If you don't make mistakes you don't make nothing.
- ミスをしないならば、何も出来ない(諺)

It is too late to grieve **when** the chance is past.
- 好機が過ぎてから嘆いても遅すぎる(諺)

Neither salt nor advice should be given **unless** asked for.
- 求められなければ、塩もアドバイスも与えるべきでない(諺)

英文の読解・判読・解読手順

　　初めて出会う英文を解読・判読・読解するには、見返りの後に示した「英語学習のためのオリエンテーション－三位一体学習」の三つの学習項目をマスターして、有機的に活用することが最も重要なことです。　これらの項目の知識が三位一体になれば、どんな英文でも対応可能です。　ただし、専門分野の文章を解読するには、その分野についてのバックグランドとなる知識が必須なことです。　例えば、遺伝子工学の知識なくしては、その分野の専門書は手も足も出ない代物です。

通常の解読手順は、次の様になります。

1.　まず、キーワードとなる主語は以下のどれか、

　　　名詞、代名詞、名詞相当語(動名詞、動名詞句、不定詞、不定詞句、**The**+形容詞、名詞節)、それ以外の例外的なもの

　　　注: 通常前置詞が頭についているものは、主語にならず、形容詞句
　　　　　か副詞です。

　　　主語は、無生物主語か目的語も無生物目的語か

2.　動詞は、自動詞か他動詞か、その形態はどれか

　　　現在形、現在進行形、現在完了形、過去完了形、未来完了形、
　　　受動態形、能動態形、仮定法形、

3.　動詞が自動詞なら、補語はどれか

　　　名詞、代名詞、形容詞、形容詞句、動名詞、現在分詞、過去分詞、
　　　不定詞、副詞、副詞句、名詞節

4.　動詞が他動詞なら、目的語はどれか

名詞、代名詞、名詞相当語、(動名詞、動名詞句、不定詞、不定詞句、The+形容詞、名詞句、名詞節、疑問詞節)、それ以外の例外的なもの

5.　修飾語の形容詞は、単なる形容詞か形容詞句か

6.　修飾語の副詞は、単なる副詞か副詞句か副詞節か、それとも文修飾語か

7.　関係代名詞や関係副詞が使われているか

8.　比較の用法が使われているか

9.　否定の語法は、完全否定か部分否定か

10.　強調の語法か、強調のため倒置がおこなわれているか

11.　挿入句や挿入節があるか

12.　直接話法か間接話法か

以上の手順を順追って進むと、大変な作業のように思えますが、実は、慣れると、我々は、無意識のうちに行っているのです。　これらを一々意識した状態で作業するのでは、たまりません。　でも、学習の初期段階では、この手順を踏んで訓練するのです。　多数の文例を記憶すると、記憶された文例に照らして、類推が働き、瞬時に判断と理解が得られるのです。

我々日本人が、母語の日本語をしゃべる時、日本語は多少例外的な面はありますが、無意識に言葉を並べている様ですが、表現すべき内容は、頭の中に蓄えている文例をベースに、言葉をつないで、しゃべっているのです。　同様に、英語を母語とする Native Speaker の言語意識についても全く同じことが言えると思います。

自己診断 CHECKLIST - 英語学習 KEY 項目

　英文法の骨組を為すのは、14 parts of speech（14個の言葉の部品）、それらを、5つの適格な英文構成要素にまとめ、更にそれらに語法を加味することだと学びました。

　次のリストにより、自己の学習状況と理解度とを自己診断してください。　理解度の不足する点、あるいは自信がないところを明確にして、なんとなく不安なポイントをクリアーする様、目標管理をしましょう。

八品詞		派生品詞
名詞		
代名詞		
形容詞		
冠詞*		
副詞		
動詞		
	現在分詞	（形容詞相当語）
	過去分詞	（形容詞相当語）
	動名詞	（名詞相当語）
	不定詞	（名詞相当語）
助動詞*		
前置詞	（名詞、相当語と組み合せ）	
	副詞句	（副詞相当語）
接続詞		
間投詞		

語法	
進行形	
付帯状況	
完了形	
不定詞	
動名詞	
意味上の主語(Senss Subject)	
分詞構文	
受動態・能動態	
仮定法	
知覚/使役/思考動詞	
The ＋ 過去分詞	
形式主語 IT	
無生物主語・目的語	
関係代名詞	
挿入と強調	
語順	
譲歩	
節と句	
時制の一致	

骨組み	適格品詞
主語	名詞、代名詞、相当語
述語	動詞　（含助動詞）
目的語	名詞、代名詞、相当語
補語	形容詞、名詞、代名詞、他
修飾語	形容詞、副詞、相当語

＊ 注: **冠詞**と**助動詞**は、それぞれ形容詞と動詞の中に含まれるものですが、重要度が高いので、独立の項目として加えています。

各項目のチェック欄に、○、△、×　を記入して、自己診断してください。

巻末付録リスト

語尾変化の起きる品詞について、基本ルールを纏めたものです。
はっきりしない事例に出くわした時は、出来るだけ辞書・辞典を
引いて確かめると同時に、下記を参照して下さい。

名詞　　- 名詞の複数形の作り方（規則変化）
　　　　　（Singular Form → Plural Form ）

　　　　- 名詞の単数から複数に不規則変化するもの

　　　　- 名詞の、常に複数形で用いるもの

　　　　- 名詞の単数と複数が同形のもの
　　　　- 名詞の単数と複数で意味の違うもの

形容詞　- 形容詞の不規則変化（原形、比較級、最上級）

動詞　　- 動詞の現在形の特例(三人称、単数、現在)

　　　　- 動詞の語形変化（Conjugation）

　　　　- 現在分詞と動名詞の作り方

副詞　　- 形容詞を副詞に変えるルール

　　　　- 不規則変化の副詞（原形、比較級、最上級）

規則変化の複数形の作り方
(Singular Form → Plural Form)

　普通名詞(Countable Noun)を複数にする規則変化の基本的なルールを以下に示します。　名詞の語尾によって、下記の様に変化します。

名詞の語尾	必要な語尾変化	単数形 → 複数形
通常のもの (下記以外のもの)	単に s を付ける ただし、単数形の 語尾の発音が無声音 なら[s] 、有声音なら[z]と発音する	cap → caps cup → cups bag → bags star → stars table → tables
[s]、[z]、[ʃ]、 [ʒ]、[tʃ]、[dʒ] の発音で終わる 語	es を付ける ただし、発音しない e で終わる語には単に s を付ける(発音は[əz])	branch → braches dish → dishes glass → glasses noise → noises tax → taxes
<子音+ y>で終わる語	y を i に変えて es を付ける	city → cities baby → babies
<母音+ y>で終わる語	単に s を付ける	boy → boys day → days
<子音+ o>で終わる語	s を付けるものと es を付けるものがある	hero → heroes photo → photos piano → pianos potato → potatoes
	s を付けても es をつけてもいいもの	zero → zero(e)s mosquito → mosquito(e)s
f, fe で終わる語	f, fe を v に変えて es を付ける	half → halves knife → knives 例外 roof → roofs handkerchief → handkerchiefs

169

単数から複数に不規則変化する単語

単数形	複数形	
antenna	antennae	触覚
	(antennas)	アンテナ
alumna	alumnae	女子卒業生、女子同窓生
alumnus	alumni	卒業生、同級生
analysis	analyses	分解、解析
axis	axes	回転軸
bacterium	bacteria	バクテリア
basis	bases	基礎、根拠
brother	brethren	同一教会員
child	children	子供
Chinese	Chinese	中国人
crisis	crises	危機
criterion	criteria	判断基準
curriculum	curricula	カリキュラム
datum	data	データ
ellipsis	ellipse	省略
erratum	errata	誤字、誤植
focus	foci (focuses)	焦点
foot	feet	足
formula	formulae	公式
goose	geese	ガチョウ
Japanese	Japanese	日本人
louse	lice	虱
man	men	男
matrix	matrices	母体
medium	media	中間、媒体、
memorandum	memoranda	備忘録
mouse	mice	鼠
oasis	oases	オアシス
ox	oxen	雄牛
phenomenon	phenomena	現象
radius	radii	半径
stimulus	stimuli	刺激
tooth	teeth	歯
woman	women	女

単数と複数が同形の単語

carp	carp　(carps)	鯉
deer	deer	鹿
fish	fish　(fishes)	魚
means	means	手段
salmon	salmon (salmons)	鮭
series	series	シリーズ
sheep	sheep	羊
species	species	種
trout	trout (trouts)	鱒
yen	yen	円(通貨単位)

単数と複数で意味が違う単語

accomplishment	成就、遂行	accomplishments	業績、技芸
advice	忠告	advices	報告
air	空気	airs	気取り
appearance	出現	appearances	状況
arm	腕	arms	武器、兵器
arrangement	配列、整頓	arrangements	手配、準備
attention	注意	attentions	心づかい
authority	権威	authorities	当局
bone	骨	bones	骨格
brain	脳	brains	ブレーン
charge	管理、世話	charges	料金
chain	鎖	chains	束縛
cloth	布	clothes	衣服
color	色	colors	軍旗
compass	羅針盤	compasses	コンパス
copper	銅	coppers	小銭
custom	習慣	customs	関税、税関
damage	損害	damages	損害賠償
direction	指導	directions	指示、指揮
effect	効果	effects	所有物
force	力	forces	軍勢
future	未来	futures	商品・為替の先物
glass	ガラス	glasses	眼鏡
good	善	goods	商品
ground	地面	grounds	構内
height	高さ	heights	高台

humanity	人間性	humanities	人文科学
instruction	指導	instructions	指示
letter	文字、手紙	letters	文学、学問
look	見ること	looks	容貌
line	行、線	lines	詩句
manner	方法、様態	manners	作法
mountain	山	mountains	山脈
need	必要性	needs	必要品
number	数	numbers	韻文
oil	油	oils	油絵の具
pain	苦痛	pains	骨折り
part	部分	parts	部品
physic	医薬	physics	物理学
power	力	powers	列強、体力
quarter	四分の一	quarters	宿舎
ruin	破滅	ruins	廃墟
respect	尊敬	respects	挨拶
sale	販売	sales	売上高
sand	砂	sands	砂浜
saving	節約	savings	預貯金
security	安全	securities	証券
spectacle	光景	spectacles	眼鏡
spirit	精神	spirits	蒸留酒
tear	裂け目	tears	涙
term	期間	terms	条件
time	時	times	時代
water	水	waters	領海、水域
wit	機知	wits	知力
wood	木材	woods	森
work	仕事	works	工場、作品

常に複数形で用いる単語

本来一対になっている物

boots	ブーツ	breeches	乗馬用ズボン		
briefs	ブリーフ	chopsticks	箸	compasses	コンパス
glasses	眼鏡	gloves	手袋	handcuffs	手錠
nippers	釘抜き	pants	ズボン	panties	パンティー
pantaloons	パンタロン	pinchers	ペンチ	pliers	やっとこ
scissors	はさみ	shears	大はさみ(植木用)		

shoes	靴	shorts	半ズボン	socks	ソックス
spectacles	眼鏡	stockings	ストッキング		
suspenders	ズボン吊り				
tights	タイツ	tongs	火ばし	trousers	ズボン
tweezers	ピンセット				

学名類

athletics	体育	economics	経済学
ethics	倫理学	linguistics	言語学
mathematics	数学	physics	物理学
politics	政治学	statistics	統計学

不規則変化の形容詞

形容詞には、**原級、比較級、最上級**の三つの形があります。 辞書に示されているのは、形容詞の原級の形です。 原級が、比較級、最上級と変化するのですが、一定の法則に従って変化する、すなわち規則変化のものは、辞書には示されません。ただし、以下の表に掲げる様な、不規則な変化をするものは辞書に明記されています。

原級	比較級	最上級	意味	備考
good **well**	**better**	**best**	良い よく	
bad **ill**	**worse**	**worst**	悪い 悪く	
many **much**	**more**	**most**	多数の 多量の	
little	**less**	**least**	少量の	
late	**later** **latter**	**latest** **last**	遅い 遅い	(時間) (順序)
far	**further** **farther**	**furthest** **farthest**	遠い	距離
9 **near**	**nearer**	**nearest** **next**	近い	距離 順位
old /	**older** **elder**	**oldest** **eldest**	年 年上	年齢 長幼の序列

それでは、形容詞の規則変化のルールを調べましょう。 規則変化の作り方は、大別して、六種類あります。

1.   1音節語の大部分と、2音節語の一部では、語尾に**-er** を付けて比較級、**-est** を付けて最上級を作ります。

> **great**　　**greater**　　**greatest**
> **long**　　**longer**　　**longest**
> **strong**　　**stronger**　　**strongest**

A **great** man and a **great** river are often ill neighbors.
　　　　- 偉い人と大きな川の近くに住むべきではない(悪しき隣人)(諺)
The noise is **greater** than the nuts.
　　- 音の方がくるみよりも大きい(事柄事態より騒ぎの方が大きい意)(諺)
Sleep is the **greatest** thief, for it steals half of one`s life.
　　　　- 睡眠は最大の泥棒、何故なら人生の半分を盗むから(諺)
Art is **long**, life is **short**.　　　　- 芸術は長く、人生は短し(諺)

The **longer** east, the shorter west.

- 東が長ければ長い程西は短くなる(諺)

The longest day will come to an end.

- どんな長い日もかならず暮れる(待てば海路の日和あり)(諺)

The weak may stand the **strong** in stead.

- 弱者も強者の助けになることがある(諺)

A chain is no **stronger** than its weakest link.

- 鎖はその最も弱いリンク部分より強くはならない(諺)

Time tames the **strongest** grief.　　- 時はいかに強い悲しみもいやす(諺)

2.　　　-e で終わる語は **-r, -st** だけを付けます。

fine	finer	finest
sure	surer	surest
wise	wiser	wisest

Fine clothes do not make gentlemen.

- 立派な衣服は紳士を作らない(諺)

Everything new is **fine**.　　　　　- 新しいものはすべて美しい(諺)

Bad conduct soils the **finest** ornament more than filth.

- 悪い行いは、汚物以上に立派な衣装も汚す(諺)

He that is surety for another is never **sure** himself.

- 他人のために保証人になる者は自分自身は安泰でない(諺)

The mother's(woman's)side is the **surer** side(or is the surest)

- 母方の血統の方がより確かな血統である(諺)

He that thinks himself **surest** is often deceived.

- 自分は最も安全と思う者はしばしば欺かれる(諺)

Some are **wise** and some are otherwise.

- ある者は賢く、ある者は賢くない(諺)

Women in mischief are **wiser** than men.

- 悪事にかけては女の方が男よりも上手である(諺)

The **wisest** man may be overseen.

- 非常に賢い人でも過誤に陥ることがある(諺)

3.　　　<子音字+y>で終わる語は y を i に変えて、**-er, -est** を付けます。

busy	busier	busiest
easy	easier	easiest
happy	happier	happiest

Know when to spend and when to spare and you need not be **busy**
(and) you'll ne'er be bare. - 金を使うべき時と使わざる時とをわきまえて
いれば多忙である必要もなく、無一物になることも絶対にない
(諺)

175

Busy folks are always meddling.

- おせっかい屋はいつも口出しする(諺)

The **busiest** men find the most leisure.

- 最も多忙な人達は最大の暇を見出す(諺)

All things are difficult before they are **easy**.

- すべての事は容易になる前は困難だ(諺)

Nothing is **easier** than to deceive oneself.

- 自己を欺くこと以上に容易なことはない(諺)

The **easiest** thing in the world is for one to deceive himself.

- この世の中で一番容易なことは人が自分自身を欺くことです(諺)

Happy is he that owes nothing.　-何も借りていない者は幸せである(諺)

The hour of happiness which comes unexpectedly is the **happiest**.

- 不意にやってくる幸せの時間が最も幸せである(諺)

To know nothing is the **happiest** life.

- 何も知らないことが最上の幸せな人生である(諺)

4.　　<短母音+1 つの子音字>で終わる語はその子音字を重ねて、
　　　-er, -est を付けます。

big	bigger	biggest
hot	hotter	hottest
thin	thinner	thinnest
wet	wetter	wettest
fat	fatter	fattest

He looks as **big** as if he had eaten bull beef.

- 彼は牛肉を食べたみたいに威張りくさった顔つきをしている(諺)

The **bigger** the man, the better the mark.

- 相手が大きければ大きい程、攻撃目標として都合がよい(諺)

America is always for the **biggest**.　- アメリカはいつも最大が好きだ

A little pot is soon **hot**.　　　　　- 小鍋はすぐあつくなる(諺)

She dislikes the **hottest** season of the year.

- 彼女は一年のうち一番熱い時期を嫌っている

A **thin** bush is better than no shelter.

- 痩せた竹藪でもシェルターがないよりはまし(諺)

5.　　2音節以上の語の多くは、原級の前に **more, most** を付けて、
　　　比較級と最上級を作ります。

useful	more useful	most useful
famous	more famous	most famous
common	more common	most common
pleasant	more pleasant	most pleasant

A bachelor's bed is the **most pleasant**.

- 独身者のベッドは最も楽しい(諺)

Learning has sour roots, but **pleasant** fruits.

- 学問は酸っぱい根っこを持つが、喜ばしい果実がある(諺)

The three **most pleasant** things: A cat`s kittens, a goat`s kid and a young woman.

- 三つの最も喜ばしい事は、猫の子 山羊の子ヤギと若い女子(諺)

Among friends all things are **common**.

- 友人の間ではすべての物は共有である(諺)

The **more common** a good thing is the better.

- よい物は共有であればある程いい(諺)

The purse-strings are the **most common** ties of friendship.

- 財布のひもは最もありふれた友情のきずなである(諺)

A belief is not true because it is **useful**.

- 信念はそれが役立つからといって真実とはかぎらない(諺)

Nothing is **more useful** than the sun and salt.

- 太陽と塩程役立つものはない(諺)

The **most useful** truths are the plainest.

- 最も役立つ真実は最も簡明なものだ(諺)

That which is despised is often **most useful**.

- 見くびられるものは、しばしば最も有用である(諺)

6. 2音節の語の一部には、二通りの比較変化が使われます。

feeble	feebler	feeblest
	more feeble	most feeble
intense	intenser	intensest
	more intense	most intense
profound	profounder	profoundest
	more profound	most profound
stupid	stupider	stupidest
	more stupid	most stupid
remote	remoter	remotest
	more remote	most remote

動詞現在形の特例

三人称、単数の主語(代名詞 It, He, She を含む)の場合、その述語動詞の現在形は、以下に示す様に、**語尾変化をするルール**があります。

1. 原則としては、動詞の原型に **s** を付ける。　但し、**s** を付けた動詞 の発音は、有声音の後では[z]となり，無声音の後では[s]となります。

A burnt child dreads the fire. ・火傷した子供は火を恐れる(諺)
A creaking gate hangs longest. ・きしむ門は長持ちする(諺)
A forced kindness deserves no thanks.
・強いられた親切は感謝に値しない(諺)
A good medicine sometimes tastes bitter. ・良薬は、時に苦いもの(諺)
A watched pan never boils. ・見つめる鍋は煮立たない(諺)
The sea refuses no river. ・海は、どんな川も拒まない(諺)

2. 動詞の原型の語尾の発音が、**[s], [z], [ʃ], [ʒ], [tʃ], [dʒ]** である場合には **es**
を付けます。(発音しない **e** で終わる語には **s** を付けます)
また、動詞の語尾が、「子音字+o」になっている場合も、**es** をつけます。

A cat in gloves catches no mice. ・手袋をした猫はネズミを捕らない(諺)
A woman's sword is her tongue, and she does not let it rust.
・女の剣は舌であり、それを錆びさせない(諺)
An army marches on its stomach. ・軍隊は胃袋に乗って行軍する(諺)
Anger punishes itself. ・怒りは自らを罰する(諺)
Failure teaches success. ・失敗は成功を教える(諺)
For the busy man time passes quickly.
・多忙な人には、時間は早く過ぎて行く(諺)
He who begins many things, finishes but few.
・多くのことを手掛けるものは、仕上げる数はほんの少し(諺)
He who mixes with vermilion becomes red. ・朱に交われば赤くなる(諺)
Let every man praise the bridge he goes over.
・誰でも、渡してくれる橋は褒めるとしよう(諺)
The apple doesn't fall far from the tree.
・リンゴは木から離れたところには落ちない(諺)

3. 動詞の語尾が、「子音字+y」になっている場合は、y を i に変えて、
es を付けます(発音は[z])。 但し、「母音字+y」の語尾の場合は、
単に s を付けます。

He cries wine and sells vinegar.
(cry → cries) ・彼はぶどう酒を売ると叫んで酢を売る(諺)

He that stays in the valley, shall never get over the hill.
・谷に留まるものは、けっして丘を越えて行かない(諺)
He who denies all confesses all.
(deny → denies) ・すべてを否定する者はすべてを白状する(諺)
The end justifies the means. ・目的は手段を正当化する(諺)
(justify → justifies)

The family that prays together stays together.

- 一緒に祈る家族は、一緒に居る(諺)

Time flies like an arrow.

- 光陰矢の如し(諺)

(fly → flies)

What everybody says must be true.

- 誰もが言うことは、真実に違いない(諺)

注釈: 母音字とは、母音を表す a, e, i, o, u の 5 つの文字のことであり、子音字とは、それ以外の文字を表します。

無声音とは、「p, t, k, f, s, ʃ, θ」などの子音で、声帯を振動させないで、出す音です。

一方、有声音は、すべての母音と [b, d, g, v, l, m, n, z, ʒ, ð] などの子音です。

動詞の語形変化 (Conjugation)

　英語の動詞は、基本的には、**原形(Root)**、**過去(Past)**、**過去分詞(Past Participle)**の三つの主要な語形変化があり、この語形変化を Conjugation と呼んでいます。

規則変化の動詞の過去形と過去分詞形の作り方

　不規則変化(irregular conjugation)の動詞の過去形と過去分詞形は、辞書に明記されていますが、規則変化の動詞の過去形と過去分詞は記載されていません。下記のルールで語形変化は作られます。

語尾の形態	作り方	例
1. 以下の形態でない、一般の動詞	Root(原形) + ed	look → look**ed** (見る) open → open**ed** (開ける)
2. 原形が e で終わる動詞	単に **d** を付け加える	hope → hope**d** (願う) live → live**d** (生きる)
3. 語尾が「子音+y」で終わる動詞	**y** を **i** に変えて **ed** を付け加える	study → stud**ied** (勉強する) try → **tried** (試みる)
4.「短母音+1子音字」で終わる1音節の動詞	最後の子音字を重ねて **ed** を付け加える	drop → drop**ped** (落ちる) fit → fit**ted** (適合する)
5.「短母音+1子音字」で終わる 2 音節以上の語で、最後の音節にアクセントのある動詞		omit → omit**ted** (省く) occur → occur**red** (起きる)

現在分詞と動名詞の作り方

現在分詞と動名詞は次のルールに従って作られます。 下記のルール1と 2に従うものは辞書には記載がありませんが、それ以外のルールの変化のものは辞書にほとんど明記されています。

語尾の形態	作り方	例
1. 以下の形態で ない、一般の動詞	ing を付け加える	go(行く)　→ going look(見る) → looking lay(横たえる) 　　　　→ laying
2. 発音しない -e で 終わる動詞	e をとって ing を 付け加える	come(来る) → coming hope(願う) → hoping live(生きる)→ living
3. -ie で終わる動詞	ie を y に変えて ing を付け加える	die(死ぬ)　　→ dying lie (横たわる)→ lying tie(結ぶ)　　→ tying
4.「短母音+1子音字」 で終わる 1 音節の 動詞	最後の子音字を 重ねて ing を 付け加える	drop(落ちる) → dropping knit (編む)　→ knitting cut　(切る)　→ cutting
「短母音+1子音字」 で終わる2音節以上 の語で、最後の音節 にアクセントのあ る動詞		omit (省く) → omitting refer (参照する) 　　　　→ referring
5. -c で終わる動詞	k を加えて ing を 付け加える	mimic (真似る) 　　　　→ mimicking picnic (遠足に行く) 　　　　→ picnicking

注:

発音する　-e で終わる動詞は、そのまま　ing を付け加える。

flee(逃げる)　→　fleeing
see(見る)　　→　seeing

発音しない **-e** で終わる動詞でも、**-e** の直前に母音がある場合には、そのまま **ing** を付け加える。

dye(染める) → dyeing
sue(訴える) → sueing

上記のルール **5** で **k** を加えのは、単に **ing** だけを付けると、語尾の c と ing とが結びついて音声変化が発生するからです。

形容詞を副詞に変えるルール

　形容詞の一部は、語形を変えることで、**副詞**が作られます。　その基本的なルールを以下に示します。　形容詞の語尾によって、下記の様に変化させます。

形 容 詞 語尾	必要な語尾変化	形容詞　→　副詞		
通常のもの （以下以外）	ly を付ける	active careful earnest kind	→ → → →	actively carefully earnestly kindly
le のもの	e を取り、 y を付ける	idle noble simple possible	→ → → →	idly nobly simply possibly
y のもの	y を i に変えて ly を付ける	easy happy heavy pretty	→ → → →	easily happily heavily prettily
ll のもの	y のみを付ける	full dull	→ →	fully dully
ue のもの	e を取り、 ly を付ける	true due	→ →	truly duly

以下に示すものは、形容詞と副詞が同形で、変化のないものです。

early, enough, fast, hard, high, late, little, long, low, much, right,

straight, well, wide,

不規則変化の副詞

　　　形容詞の場合と同様に、副詞には**原級、比較級、最上級**の三つの形が
があります。　辞書に表示のあるのは、形容詞の場合と同じですが、不規則変化
以外の副詞の比較級と最上級の表示されません。

原級	比較級	最上級	意味	備考
well	better	best	良く	
ill badly	worse	worst	悪く	
much	more	most	多く	
little	less	least	僅かに	
late	later	latest last	遅く	時間的に 順序上
far	further farther	furthest farthest	遠くに 遠くに	距離・時間 空間

文法用語索引

- B, D, H, N, T -

Be 動詞...53,106
Do 動詞...53,106
Have 動詞..53,106
No を用いた否定表現...............132,133,134

- い -

意味上の主語.....................61,63,75,76,77

- か -

仮主語...53,.61,65
仮定法...61,63,102
仮定法過去..103
仮定法過去完了......................................105
仮定法慣用句..105
過去分詞..........40,61,63,78,79
冠詞...41
完了形...61,63
関係代名詞
.....56,61,65,116,117,118,119,120,121,122,123
関係副詞...61,65
感嘆文...,156
完全否定.....................................61,65,135

- き -

疑似関係代名詞......................................123
疑問文...156
強調...14,62,65
強調構文..112

- く -

句...146

- け -

形式主語..,65,110
形容詞..............15,16,17,41,42,43137,174
.................................175,176,177,183
形容詞相当語..41
現在完了形................70,71,72,73,74,84
現在進行形...67,83

- こ -

語順...65,141
語法...60

- さ -

最上級..55

- し -

自動詞...37,48
使役動詞.............................61,63,106,108
思考動詞...61,106
省略........................62,65,138,,139,140
譲歩........................62,65,143,144,145
進行形..63

- せ -

接続詞..58
節と句...62,65
前置詞...57,121
全否定...135

- そ -

挿入...62,65,,140
挿入と強調..65

- た -

他動詞...37,48
代名詞...51,52
単数...50
単数形..................168,169,170,171,172,173
単独部品...................2.,9,14,24,25,29,30,31

- ち -

知覚動詞..107
直接目的語..48

- て -

定冠詞..50

- と -

倒置...62,63,139
動詞...48,49,53,63
動名詞............................61,63,89,181,182
動詞の変態ルールの一貫性..........................81
独立不定詞..129

- に -

人称代名詞..51
二重否定..136

- の -

能動態............63,95,96,97,98,99,100,101

- は -

反復..140

- ひ -

比較の用法............................61,65,124,125
比較級..16,.55
否定........................61,65,132,133,134
非人称主語..110

- ふ -

不完全自動詞.....................................15,.37
不完全他動詞.......................................,15,37
不規則変化............................170,174,184
付帯状況..............................61,63,68,69
不定詞................................,,63,75,76
不定冠詞..50

部分否定...................................,...........135
副詞句...147
....................149.2,8,14,24,25,30,31
複合関係詞.....................................65
複数...50
複数形.......................................50
分詞構文.........................63,91,92,93,94
文構成要素............................25,26,27,28
文修飾副詞...................................128

- ほ -
補語.........9,25,26,27,28,29,33,36,38,39,48,49

- み -
未来進行形.....................................83

- む -
無生物主語・目的語.......................65,113

- め -
名詞句.......................................146
名詞節.......................................148
名詞相当語....................................39,146
命令文.......................................157

- も -
目的語
..........3,9,12,13,14,25,26,27,28,29,39,48,49,60

英語語句索引

- A -

as if	106
many....as	124
as though	106
as.......as........can	124
as......as	124

- B -

be	106

- C -

came near...ing	89
cannot help...ing	89
cannot...without...ing	89

- D -

do 動詞	106

- F -

Frankly speaking	92
Feel like....ing	89

- G -

Generally speaking	92
Granting that	93

- H -

Had it not been for	105
Have(使役動詞)	106
Have(助動詞)	106
Have 動詞	106
However	144

- I -

If it had not been for	105
If it were not for	105
If possible	139
not always	135
not as...as	124
no more than	124
not so much as	124

It is true that...but	130
Is worth whiel...ing	89
Is worth...ing	89
It goes without saying that	89
It is no use......ng	89

- L -

Less...than	125
Let(使役)	106,108,109
Look forward to...ing	89

- M -

Make a point...ing	89
Make(使役動詞)	106
Mind.... ing	89

- N -

Needless to say	129
No matter what	143
no matter which	143
no more...than	125
no to say	125
Nothing is more...than anything else	124
Nothng	113
Nothing so...but	124
Nothing...than	124
Nothing...so much as	124,127
Nothing...more...than	125
.Nothing...so ..as	124
never...such ...as	124
no less...than	124
none...so...as	124
nothing...so...as	113

- O -

On the point of...ing	89
on...ing	89

- P -

Prevent one from ...ing..89

- R -

Relatively speaking.......................................128

Roughly speaking...128

- S -

Sad to say...129

Seeing that..93

So to speak..129

Stricktly peaking..93

Supposing that...93

Still less...125

Still more...125

- T -

Talking of...93

There are as many...as................................125

There is no ...ing.....................................90,132

There is nothing...but..................................125

though...144

To be brief..129

To be exact..129

To be frank with you.....................................129

To be honest with you...................................129

To be sure 129

To begin with...129

To do him justice...130

- U -

Unless...144

- W -

Weather permitting..93

Were it not for...106

whatever..143,144

whatsoever...143

wherever...143

188

「英文諺索引」の活用

　英語学習には、いわゆる「多読」が必要といわれます。　でも英語が毎日使われている環境下にいれば、問題はないのですが、異国語として学ぶ我々、日本人には、二、三の英文事例を示して、これを記憶しなさいと言われても、余程、才能のある人達以外は、無理な話です。
て
　この索引は、本誌で引用した、英語のことわざ・格言だけの索引を作成するために、集約したものです。

　本書のタイトルは、おこがましい"ことわざ・格言を楽しみながら「骨組みの可視化図」で読み解く英文法の本質"としていますが、内容は、堅苦しい英文法の解説書ではなくて、あくまで、本質的には、楽しい、読み物であることを狙いとしています。

　ここには、「ことわざ・格言」として、人生のあらゆる面について、含蓄・薀蓄の深いものが、実に豊富で、多彩な英語表現で示されています。　ここに収録された、ことわざ・格言の数は、1,300件を超えています。　ほう、こんな英語表現があるのか、驚くと共に、そうか、こんな人生訓話もあるのかと感心されるものもあるでしょう。

　ヒマ潰しの英語副読本として、利用して下さい。　無意識の内に、英語読解力が増して来ること請け合いますよ。　3ケ月もすれば、英作文の能力もアップすること、間違いありませんよ。　確か、あんな風な表現が使えるかなと思う事例が沢山見つかりますよ。

英語の諺索引

—A—

A baby is an angel whose wings decrease as his legs increase................119
A bachelor`s bed is the most pleasant.....................117,177
A bad carpenter quarrels with his tools.............................30
A bad excuse is better than none.............................37,41,113
bad workman always blames his tools................................8
A barking dog never bites....................................30
A belief is not true because it is useful.....................117,177
A bird in the hand is worth two in the bush.........8,30,31,42,147
A burnt child dreads the fire.　.............................8,42,178,227
A cat in gloves catches no mice.............................178
A cat may look at a king.............................51
A chain is no stronger than its weakest link.............................175
A cold often leads to all kinds of disease.............................30
A constant guest is never welcome.............................98,157
A contented mind is a perpetual feast.............................41
A creaking gate hangs longest.............................41,178
A cup concealed in the dress is rarely honestly carried.............................43
A delay is not necessarily a denial.............................135
A disease known is half cured.............................37,43,56
A dog which barks much is never good at hunting.............................38,231
A dog which has been beaten with a stick is afraid of its shadow..........72,86
A drowning man will catch at a straw.............................41
A dwarf on a giant`s shoulder sees farther of the two.............................126
A fault confessed is half redressed.............................43
A fool and wealth cannot possess each other.............................157
A forced kindness deserves no thanks.............................42,56,178,132,179
A friend in need is a friend indeed.............................30,31,43
A friend to everybody is a friend to nobody.............................73
A gloved cat can catch no mice.............................51
A golden key opens every door.............................64,95
A good beginning makes a good ending.............................38,43,48,231
A good medicine sometimes tastes bitter.............................178,227
A great man and a great river are often ill neighbors.............................174
A growing youth has a wolf in his belly.............................32,38,41,147,231
A horse deprived of his food won`t work.............................43
A house divided against itself cannot stand.............................157
A house filled with guests is eaten up.............................43
A hungry man is an angry man.............................8,41,48

A liar is not believed when he speaks the truth..............................58,157

A light purse makes a heavy heart...48

A little leak will sink a great ship...41

A little learning is a dangerous thing...43

A little learning(or knowledge) is a dangerous thing...........................43

A little pot is soon hot...176

A man can do no more than he can...123

A man cannot give what he hasn't got...227

A man is as old as he feels, and a woman as old as she looks...................125

A man is known by the company he keeps..98

A man of courage is never in need of weapons.................................31,43

A man's worth is no greater than the worth of his ambitions...................44

A penny saved is a penny earned (or gained)..43

A reed before the wind lives on, while mighty oaks do fall......................138

A rising tide lifts all boats...41

A rolling stone gathers no moss....................................38,41,132,227,251

A short life is long enough for living well...44

A stitch in time saves nine...66,139,47,229

A thin bush is better than no shelter...176

A thing of beauty is a joy for ever..43

A thing you don't want is dear at any price..122

A tree is known by its fruits...58

A watched pan (or pot) never boils.......................19,35,157,178

A watched pan never boils...42,157

A willful man will have his own way..41

A wise man is never less alone than when alone..........................126,136

A woman either loves or hates in extremes..58

A woman finds it easier to do ill than well.......................................53,111

A woman's advice is no great thing, but he who won't take it is
   a fool...57,134,178,78

A woman's sword is her tongue, and she does not let it rust...108,157,164,178

A word spoken is past recalling..356

A word to the wise is enough...79,137,229

Accidents will happen in the best regulated families............................48

Accidents will happen...46,227

Actions speak louder than words...................................48,126,229

Adversity makes a man wise...49

Advice when most needed is least heeded...99

After a calm comes a storm..138,229

After pleasant scratching come unpleasant smarting............................43

Alas, by what trivial cause is greatness overthrown!................................8

All are not saints that go to church...135

All are not thieves that dogs bark at..135

All cats love fish but fear to wet their paws...51
All good things come to an end..8,30,32,141,162
All is not gold that glitters...66,135,229
All meat pleases not all mouths...135
All roads lead to Rome..8
All that glitter are not gold...57,119
All things are difficult before they are easy.................................176
All things are easy, that are done willingly..................................119
All things come to him who waits..117
All truths are not (good) to be told..100,135
All work and no play makes Jack a dull boy....................................49,132,164
Alms do not exhaust the purse, nor a mass the day's duty......................164
Among friends all things are common...177
An Englishman's home is his castle..227
An adviser may give you a helping hand to the poorhouse.......................35
An army marches on its stomach..178
An empty sack cannot stand upright..30
An oak is not felled at one stroke..32
Anger punishes itself...178
Another man's poison is not necessarily yours.................................38,231
Anyone can start a rumor, but none can stop one...............................114
Art is long, life is short...175
As the twig is bent, so grows the tree..138
Ask, and it shall be given you..54
Avoid contesting with the powerful..137

—B—

Bacchus has drowned more men than Neptune.....................................73,87
Bad conduct soils the finest ornament more than filth.........................174
Bad money drives out good...66,139
Bad news travels fast...48
Barking dogs seldom (or never) bite...42
Bashfulness is of no use to the needy...32,37,134
Be a friend to yourself and others will befriend you..........................158
Be good with the good and bad with the bad....................................66,79,137
Be it ever so humble, there's no place like home..............................132,143
Be just before you are generous...156
Be slow in choosing a friend, but slower in changing him......................158
Be the last to come and the first to go.......................................158
Be what you would seem to be..119

Beauty and folly go often in company..32,58
Beauty fades like a flower..42
Beauty is a fading flower..42
Beauty is in the eye of the beholder..43
Bees that have honey in their mouths have stings in their tails..............119
Bees touch no fading flowers...67,133
Behind the clouds is the sun still shining..138
Being on sea, sail; being on land, settle. 64,91
Believe nothing of what you hear, and only half of what you see........119,148
Between a woman's Yes and No, there is no room for a pin to go..............75
Beware of the man who kisses your child; he'll be kissing your wife
    in due time...,....45,54,83
Birds of a feather flock together....................................35,38,43,55,147,231
Blessed is he who expects nothing, for he shall never be
    Disappointed...46,114,118,139,164
Blue are the hills that are far away..66,119,139
Books and friends should be few but good...85
Boys, be ambitious...156
Brevity is the soul of wit..176
By doing nothing we learn to do ill..114,147
Busy folks are always meddling...176

—C—

Can a mouse fall in love with a cat?...156
Catch your bear before you sell its skin...155
Cats eat what the goodwife spares..51
Cats hide their claws..51
Change isn't necessarily progress..53
Children should be seen and not heard..79
Children should have been seen and not heard................................99,100
Coming events cast their shadows before..42
Company in distress makes sorrow light...43
Confession is good for the soul...58
Constant dropping wears away a stone..35
Constant dropping wears away the stone...35,43,54
Corruption of the best becomes the worst.......................................43,146
Cross the stream where it is shallowest..57,66,148
Custom makes all things easy..38,49,231

—D—

193

Deaf people always hear better than they say they do.
Defeat is a school in which truth always grows strong............................126
Do not cut the bough that you are standing on.......................................38
Doing nothing is doing ill...114
Don't make yourself a mouse, or the cat will eat you.............................164
Don't judge a book by its cover...156
Don't judge a man until you have walked a mile in his boots...............71,85
Don't go near the water until you learn how to swim............................164
Don't quarrel with your bread and batter...158
Don't start anything you can't finish..122
Don'tn put your cart before the horse..158
Don't swap horeses when crossing a stream.......................................8,83

—E—

Eagles don't catch flies...155
Eat to live, not live to eat..46,227
Eat to live; do not live to eat... 46
Every man has his faults..155
Everything new is fine...175

—F—

Failure teaches success..178,229
Fine clothes do not make gentlemen..175
First impressions are most lasting...126
Flow of words is not always flow of wisdom...135
Flowers leave fragrance in the hand that bestows them........................119
Follow your own bent, no matter what people say.............................16,144
For age and want, save while you may: No morning sun
   lasts a whole day..41
For the busy man time passes quickly..178
Forbidden fruit is sweetest..42
Fortune favors the bold...38,79,227
Fortune favors the cheerful..37
Fortune favours the bold (the brave)..231
Fortune knocks at least once at every man's gate................................141
Fortune truly helps those who are of good judgment..............................44
Fortune, good or bad, does not last forever....................................140,229
Friends agree best at a distance...35,46
From what has taken place we infer what is about to happen...............73,87

—G—

Genius is an infinite capacity for taking pains.......................................55
Give a man (or him) an inch, and he will take a mile..............................48
Give and take is fair play..227
Give neither counsel nor salt till you are asked for it............................142
Give us the tools, and we will finish the job..49
God comes at last when we think he is farthest off................................140
God helps them that help themselves...119
Great men are not always wise..135
Grief is lessened when imparted to others......................................99,139

—H—

Habits are at first cobwebs and at last cables......................................32
Half a loaf is better than no bread...133,142
Happy is he that owes nothing..177
Having been poor is no shame, but being ashamed of it, is..............74,81,88
Having mastered the lesser difficulties, you will more safely
   venture on greater achievements..71,85,91
He cries wine and sells vinegar...178
He has brought up a bird to pick out his own eyes............................72,96
He has sold a bean and bought a pea..71,85
He laughs best who laughs last...66,118,126
He looks as big as if he had eaten bull beef............................106,152,176
He sees no farther than his nose..30,126,237
He sets the fox to keep the geese..147
He that does most at once, does least..126,147
He that has a great nose thinks everybody is speaking of it....................67
He that has been bitten by a serpent is afraid of a rope...........72,86,119,147
He that hunts two hares at once will catch neither..............................142
He that is surety for another is never sure himself..............................175
He that stays in the valley, shall never get over the hill.......................179
He that thinks himself surest is often deceived...................................175
He that would know what shall be, must consider what has been..........74,89
He who begins many things, finishes but few..............178,117,118,139,178
He who cannot bear misfortune is truly unfortunate.............................44
He who denies all confesses all..117,179
He who does things too hastily does them the less effectually..................44
He who has been bitten by a serpent is afraid of a rope.........................117
He who has once used deception will deceive again............................72,86
He *who* knows nothing doubts nothing..116
He who lives by the sword dies by the sword......................................118

He who makes no mistakes makes nothing............................118,133,136
He who mixes with vermilion becomes red...178
He who rides a tiger is afraid to discount...118
He who would climb the ladder must begin at the bottom......................118
Heaven helps those who help themselves..227
Home is home, though it be never so homely..105
Home is where the heart is..157
Honest fame awaits the truly good..44
Honesty is the best policy...1
Hope for the best and prepare for the worst..164
How can the foal amble if the horse and mare trot?...........................156,160
How sweet to remember the trouble that is past!..................................157
How pitiable is he who cannot excuse himself !......................................157
Hunger is the best sauce..157
Hurrying gets you nowhere...39,231

—I—

I won't laugh at another for having grown old, for that will assuredly
   happen to me...73,87
Idleness is the root of all evil...157
If I've told you once, I've told you a thousand times................................71
If a thing's worth doing, it's worth doing well.....................................149
If anything can go wrong, it will...139,149
If at first you don't succeed, try, try, try again....................................149
If envy were a fever, all mankind would be ill......................................104
If it were not for hope, the heart would break.................................105,110
If one sheep leaps over the ditch, all the rest will follow........................141
If red the sun begins his race, expect that rain will flow apace.................148
If there were no cloud, we should not enjoy the sun...............64,104,106,133
If there were no receivers, there would be no thieves............................104
If things did not break, or wear out, how would tradesmen live?.................160
If winter comes, can spring be far behind?..158
If you don't make mistakes you don't make nothing..............................105
If you have done no ill the six days, you may play the seventh............73,87
If you have known one, you have known them all...............................73,87
If you have seen one, you've seen 'em all..86,87

If you've seen one, you've seen them all...73
Ignorance of the law is no excuse for breaking it.................................133
It is better to travel hopefully than to arrive. 110
It is easier for a camel to go through the eye of a needle, than
   for a rich man to enter into the kingdom of God...............................75

It is good to have company in trouble (or misery)..................................111
It is harder to change human nature than to change rivers and
    mountain..111
It is ill jesting with edged tools...111
It is ill striving against the stream...........................8,38,53,64,111,229,231
It is ill to spur a flying horse..67
It is inexcusable to have remained long away, and returned empty-
    handed...74,81,88
It is misery enough to have once been happy.................................81,86,111
It is never too late to learn..66,111
It is never too late to mend...111,144,229
It is no flying without wings...132,136
It is no meddling with our betters...53,89,111,132
It is no use crying over spilt milk...53,56,89,112,132
It is not what you say, but how you say it..132
It is reason that governs love..138,229
It is the first step that is difficult..66,112,138
It is the unexpected that always happens...112,138
It is too late to grieve when the chance is past............................54,146,164
It is too late to lock the stable when the horse has been stolen....71,85,99,111
It takes two to make a quarrel...53,111,146
It's like looking for a needle in a haystack.......................................110,146
It's not what you know, but who you know...110
It's not what you say, but how you say it..110,227
It's a small world...227
It's not over till it's over...28,231

—J—

Joy and sorrow are next door neighbors...157

—K—

Keep something for a rainy day...158
Keep your tongue as deep as possible..140
Know thyself...158,176
Know when to spend and when to spare and you need not be busy;
    you'll ne'er be bare..158
Know which side one's bread is buttered on...158

—L—

Laugh and be fat...156
Learn to walk before you can run...37,38,231
Learn to walk before you run..37
Learning has sour roots, but pleasant fruits..177

197

Learning is far more precious than gold...44
Leave no stones unturned...38,56,132,231
Leave to concealment what has long been concealed...........................74,88
Lend only that which you can afford to lose..119
Let bygones be bygones..108,158
Let every man praise the bridge he goes over....................108,178,141,158
Let every man speak well of the bridge he goes over........................158,178
Let sleeping dogs lie...35,42,108,156
Let the buyer beware...158
Let the chips fall where they may..76
Let tomorrow take care of tomorrow...108,156
Let your purse be your master...156
Life is lifeless without health...136
Life is what you make...37,66,120,148
Little intermeddling makes good friends..43
Live every day as though it were last.............................106,110,152,158
Live like fighting cocks..227
Look before you leap..158.
Look on both sides of the shield...158
Losers are always in the wrong..38,231
Love and a cough cannot be hid..99
Love is a flower which turns into fruit at marriage...........................57,119
Love is a game in which both players always cheat...........................57,121
Love is never without jealousy..136
Love needs no teaching...37,133
Love your neighbor as yourself...58,158
Lying and stealing live next door to each other..............................54

―M―

Make haste slowly...8,227
Make hay while the sun shines..35,144
Many a good cow has an evil calf...47,142
Many a little makes a mickle 47,66,14
Many a true word is spoken in jest...................................45,99,142,229
Many a man would have been worse if his estate had been better.......82,103
Many kiss the hand they wish to see cut off....................................122
Many would be cowards if they had courage enough.........................104
March winds and April showers bring forth May flowers......................227
Marriage is a lottery in which men stake their liberty and
    women their happiness...121
Marry in haste, and repent at leisure...32,227

Melancholy is the pleasure of being sad..31
Men understand the worth of blessings only when they have
  lost them...71,73,68
Mind other men but most yourself......................................126
Misfortunes tell us what fortune is......................................37
More have repented speech than silence............................73,87

—N—

Nature does nothing in vain..114.
Nature is conquered by obeying her.............................32,54,99
Neither salt nor advice should be given unless asked for...........164
Never be ashamed to eat your meat......................................97
Never do things by halves..156
Never judge by appearances.. 158,227
Never spur a willing horse...158
Never look a gift horse in the mouth...................................158
Never open the door to a little vice, lest a great one enter with it............105
Never put off till tomorrow what you can do today...............58,99
Never speak ill of the dead........................30,43,54,86,133,158
No man is so rich as to say "I have enough!".........................158
No love is foul, nor prison fair..104
No one is born without faults..136
Nothing costs so much as what is given us...................99,73,115
Nothing is as good as it seems beforehand.............................113
Nothing is certain but death and taxes...................................45
Nothing is easier than to deceive oneself...............................176
Nothing is given so freely as advice................................45,127
Nothing is more easily blotted out than a good turn............44,126
Nothing is more precious than time.................................66,113
Nothing is more useful than the sun and salt................115,182,177
Nothing is so bad in which there is not something of good............57,119,170
Nothing should be done in haste but gripping a flea............100,115
Nothing so bad but it might have been worse...........................122
Nothing so bad in which there is not something of good...............121
Nothing stings us so bitterly as the loss of money......................127

—O—

Of enemies the fewer, the better..46
Of many friends there are few on whom a man can rely............121
Of what use are laws nullified by immorality.........................161
Often shooting hits the mark..81
Old age is a malady of which one dies..............................57,121
Once to have been happy is misery enough.........................72,86

One is never too old to learn..38,141,231
One of these days is none of these days.....................................114
One volunteer is worth two pressed men.....................................42
Only after you have crossed the river can you ridicule the
crocodile...85,139
Out of the mouth comes evil..227

—P—

Pardoning the bad is injuring the good.....................................79,146
Patience provoked turns to fury..43
Poison is poison though it comes in a golden cup.........................144
Pouring oil on the fire is not the way to quench it........................146
Poverty is no disgrace, but it is a great inconvenience..................133
Poverty is the mother of health...227
Practice what you preach.................................. 38,120,229,231
Promises, like pie-crust, are made to be broken.......................66,140
Punctuality is the soul of business..55,147

—R—

Rats desert a sinking ship..42
Rome was not built in a day..8,99,227
Rules are made to be broken. 46,100

—S—

Satan always finds work for idle hands....................................56,147
Saying is one thing and doing another.....................................38,231
Scratch my back and I will scratch yours.................................38,231
Seeing is believing...30,37,38,227,231
Seize today, trust tomorrow as little as possible........................140
Shame lasts longer than poverty..126
Sleep is the greatest thief, for it steals half of one's life.............175
Sleep is the poor man's treasure..35
Slow but sure wins the race..19,38,231

Some are wise and some are otherwise.......................................175
Some have been thought brave because they were afraid to run
    away...37,87,99
Someone cannot see beyond the end of his nose..........................227
Something is better than nothing...44
Sooner begun, sooner done...126
Sound travelling far and wide, a stormy day will betide.................91
Spare the rod and spoil the child...19,30,58

Sparing is the first gaining..8
Still waters run deep...18,231
Stones have been known to move and trees to speak.......................88,139
Straight trees have crooked roots...42
Stretch your arm no further than your sleeve will reach...................44,126
Strike while the iron is hot..145
Submitting to one wrong brings on another.......................................139

—T—

Take no woman for a wife in whom you cannot find a flaw....................121
Take things as they come..2,8,231
Take time by the forelock, for she is bald behind................................164
Talk of angel and you will hear the fluttering of its wings.....................77
Teach your child to hold his tongue; he'll learn fast enough to speak.........44
That which is despised is often most useful...177
That which Nature paints never fades...119
That's the way the ball bounces..227
The absent are always in the wrong.......................................32,45,79,231
The absent party is always to blame...38
The apple doesn't fall far from the tree...178
The arrow that has left the bow never returns..................................71,85
The best is often the enemy of the good...79
The bigger the man, the better the mark...176
The boughs that bear most hang lowest...............................119,147,176
The busiest men find the most leisure...176
The cat would eat fish and would not wet her feet................................51
The course of true love never did run smooth.....................................138
The cow knows not what her tail is worth till she has lost it.............71,85
The devil finds work for idle hands to do..35,75
The doctor is often to be feared than the disease.............................81,229
The easiest thing in the world is for one to deceive himself.................176
The end justifies the means..179
The evils we bring on ourselves are the hardest to bear.......................122
The fairest flowers soonest fade...127
The fairest rose is at last withered...46
The fairest silk is soonest stained..127
The family that prays together stays together....................................179
The fire which lights us at a distance will burn us when near........57,117,119
The fish will soon be caught that nibbles at every bait......................46,100
The gods hate those who hesitate...229
The heart has reasons which reason do not know.............................37,119
The higher our position, the more modestly should we behave..................44
The hour of happiness which comes unexpectedly is the happiest......119,176

201

The husband is the last to know the dishonor of his house........................56
The least foolish is wise..126
The left hand doesn't know what the right hand is doing........................67
The longer east, the shorter west..175
The longest day will come to an end...175
The longest night will have an end...175
The marble stone on which men often tread seldom gathers moss............121
The more common a good thing is the better.......................................177
The most useful truths are the plainest..177
The most wretched fortune is safe, for it fears nothing worse............114,127
The mother`s(woman`s)side is the surer side(or is the surest)................175
The noise is greater than the nuts...175
The nurse is valued till the child has done sucking............................11,85
The only thing we have to fear is fear itself...122
The pleasure of what we enjoy, is lost by coveting more........................120
The purse-strings are the most common ties of friendship.....................177
The race is not to the swift, nor the battle to the strong....................80,164
The rope has never been made that binds thoughts..........................73,187
The rotten apple injures its neighbors...42,178
The sea refuses no river..178,133,178
The sharper the storm, the sooner it's over...126
The spirit is willing, but the flesh is weak...164
The squeaking wheel gets the grease (or oil)...42
The sun loses nothing by shining into a puddle...............................114,147
The three most pleasant things: A cat's kittens, a goat's kid
    and a young woman...177
The tide must be taken when it comes..58
The time to come is no more ours than the time past.............................56
The tongue always returns to the sore tooth..67
The tongue ever turns to the aching tooth..42,67
The unexpected always happen...42,67
The used key is always bright...35,42
The weak may stand the strong in stead........................ 35,175
The wisest man may be overseen...175

The worst wheel of a cart creaks most...126
The worth of a thing is what it will bring......................31,43,120,137,148
The worth of the best becomes the worst...31
There are as good fish in the sea as ever came out of it..........................123
There are games in which it is better to lose than win...........................121
There are tricks in every trade...227
There is a skeleton in every house...46
There is a time to speak and a time to be silent...............................56,227

There is more pleasure in loving than in being loved..............................82

There is more trouble in having nothing to do than in having
    much to do...125

There is no accounting for tastes...56,89,132

There is no evil without some good..136

There is no flying from fate...90

There is no garden without weeds.........................38,46,133,136,231

There is no great loss without some gain.......................................136

There is no living in love without suffering..............................32,90,132

There is no pleasure without pain..133,130

There is no rose without a thorn..136,227,229

There is no rose without thorns..133

There is no royal road to learning..133,136

There is no rule but has exceptions..123,136

There is no rule without
exceptions..133,227

There is no such thing as a free lunch..123,134

There is no such thing as bad weather, only the wrong clothes.............12,31

There is no tree but bears(some) fruit..123

There is no wheat without chaff...133,136

There is nobody but has his faults..123

There is nothing more precious than time....................................47,114

There is nothing new under the sun...114,229

There is nothing permanent except change..................................47,114

There is nothing so bad but may be of some use............................44,123

There is nothing that costs less than civility....................................114

There ought to be a law against such things.....................................46

There will be sleeping enough in the grave......................................46

There would be no great ones if there were no little ones.......................104

There's hardly a strife in which a woman has not been a prime.......74,88,121

There's many a slip between the cup and the lip................................141

There's nothing but is good for something.......................................123

They brag most who can do least..126

Things are not always what they seem......................................38,135,148

Things are seldom what they seem...120,231

Things that are mysterious are not necessarily miracles.......................135

Those that brag most, execute least...126

Those who live in glass houses should never throw stones............57,118,148

Those whom the gods love die young...119

Though the wound be healed, yet a scar remains.................................44

Threatened men (or folks) live long..42

Three removals are as bad as a fire...125

Three, helping one another, bear the burden of six.......................77,92,229

Time and tide wait for no man...134,162

Time flies like an arrow...179

Time is a great healer...48

Time lost cannot be recalled...56

Time tames the strongest grief...175

To deceive oneself is very easy...8

To do nothing is to do ill...38,829,231

To err is human, to forgive, divine...38,231

To excuse is to accuse...37

To have been silent never does harm, but to have spoken does.........74,82,88

To have nothing is not poverty...37,66,114

To know nothing is the happiest life...30,114,176

To know truly is to know by causes...35,45

To say and to do are two things..64,227

Today is the tomorrow you worried about yesterday..............................122

Too many cooks spoil the broth...8,30,35,42,227

Too much praise is a burden...42

Trouble is to man what rust is to iron. 120

Truth is stranger than fiction..38,231

Two heads is better than one..144,227

−U−

Usually we praise only to be praised...47

−V−

Vision without action is a daydream...55

−W−

Water is a boon in the desert, but the drowning man curses it..........42,67,164

Water seeks its own level...227

We are born crying, live complaining, and die disappointed.....................68

We do not always gain by changing..135

We soon believe what we desire..148

We weeping come into the world, and weeping hence we go.......................69

What can you expect from a hog (or pig) but a grunt?................................159

What cannot be cured must be endured..64,120

What costs little is little esteemed...45,99,94,148

What everybody says must be true.............................35,179,120,148,179

What fortune has given, she cannot take away...........................72,87,139

What is a workman without his tools...159

What goes up must come down...148

204

What has happened once can happen again..................................45,71,85
What is bred in the bone will never come out of the flesh.............40,120,148
What is done cannot be undone....................................38,100,148,220,231
What is home without a mother?..156
What is learned in the cradle is carried to the grave.....................99,120,148
What is mine is yours and what is yours is mine....................................37
What is the good of a sundial in the shade?..156
What is there that love will not achieve?......................................161
What limit is there in love?..161
What may be done at any time is done at no time...............100,120,134,148
What soberness conceals, drunkenness reveals.....................................149
What the eye doesn't see the heart doesn't grieve over...............120,139,149
What the heart thinks, the tongue speaks......................................139,149
What use is wisdom when folly reigns?......................................161
What will Mrs. Grundy say..159
What you are doing do thoroughly...35,64,67,139
What you don't know won't (or cant) hurt you................................120,149
What you've never had you never miss...........................54,72,86,120,149
What's in a name?..159
What's worse than ill luck?..161
Whatever can happen to one man can happen to every man...................229
Whatever is worth doing at all, is worth doing well................66,90,120,148
When all you have is a hammer, everything looks like a nail.............122,149
When children stand quiet, they have done some ill.....................71,85,149
When ill luck falls asleep, let nobody wake her..............................108,113
When in Rome, do as the Romans do...58
When love is greatest, words are fewest...149
When one door shuts, another opens...149
When poverty comes in at the door, love flies out of the window..............149
When remedies are needed, sighing is of no avail............................32,134
When shared, joy is doubled and sorrow halved...............................99,149

When the cat's away the mice will play....................................19,37,51,141
here there is a will, there is a way...149

Where there is no trust there is no love..229
Where there is whispering there is lying......................................38,231
Wherever there is a secret, there must be something wrong....................47
While two dogs are fighting for a bone, a third runs away with it.....37,67,145
Who can blind a lover's eyes?..160
Who can deceive a love..160
Who can give law to lovers?..160
Who can read the future?..156

Who is to bell the cat?..51
Who shall tie the bell about the cat's neck?..160
Who will bell the cat?...156,227
Whosoever shall smite thee on thy right cheek, turn to him the other
    Also..120.144
Why buy a cow when you can get milk for free?..159
Why keep a dog and bark yourself?...159
Wine has drowned more men than the sea...73
Women are as fickle as April weather...41
Women in mischief are wiser than men...175
Women will have their wills...35
Words cut more than swords...66,125

—Y—

Yielding is sometimes the best way of succeeding..32
You are truly happy if you make others happy...44
You can take a horse to the water, but you can`t make him drink..............76
You cannot burn the candle at both ends..46
You cannot have it both ways...ll0
You cannot lose what you never had..120,149
You cannot make a crab walk straight...30,108
You cannot make an omelette without breaking eggs..............90,96,136,146
You cannot make bricks without straw...136
You cannot see the wood for the trees...227
You cannot shift an old tree without it dying..77,136
You have to take the good with the bad..80
You know better than that..45,120
You may see by a bit what the bread is...148
You never know what you can do till you try..37,148
You never miss the water till the well runs dry..35
You will never know unless you try...227
You've never made a friend if you've never made a foe................................86

巻末一覧表リスト

学習の途中で、道に迷ったら、ここに添付されているリストで、自分の現在位置は何処なのか、確認して下さい。

英文法の骨組の骨子となる、下記の3大要素を、必要な時、何時も、俯瞰・鳥瞰することは、重要な作業です。

—
八品詞(8 Parts of Speech)と派生語の全貌

と

品詞展開、語形/語尾変化と構成要素との関係

—
語法

—
英文構成要素(主語、述語、目的語、補語、修飾語)

と

構成要素の適格品詞

八品詞(8 Parts of Speech)と派生語の全貌

諺の例文 （どの英文も、基本は、八品詞と派生語の組み合わせで構成）

名 詞
Four *eyes* see more than two. — 四つの目の方が二つよりよく見える(諺)
A good son is the light of the *family*. — 立派な息子は家族の模範である(諺)
Water seeks its own level. — 水はおのれの高さを求める(水は低きに流れる)(諺)
Poverty is the mother of health. — 貧困は健康の母(諺)
Rome was not built in a day. — ローマは1日にして成らず(諺)
Seeing is *believing*. — 見ることは信じること(百聞は一見にしかず)(諺)
To say and to do are two things. — 言うことと行うことは別(諺)
Fortune favors *the bold*. — 幸運は勇者達に味方する(諺)

代 名 詞
He sees no farther than his nose. — 彼に鼻より先は見えない(諺)
It's a small world. — 世間は狭い(世間は広いようで狭い)(諺)
That's the way the ball bounces. — それがボールの跳ね方だ・人生はそういうものだ(諺)
Someone cannot see beyond the end of his nose. — 鼻より先を 見ることのできないものもいる(諺)
Who will bell the cat? — 誰がその猫に鈴をつけるか?(諺)
Heaven helps those *who* help themselves. — 天は自ら助くるものを助く(諺)

形 容 詞 (含冠詞)
A burnt child dreads *the* fire. — 火傷した子は火を怖がる(羹に懲りて膾を吹く)(諺)
A g*ood* medicine tastes bitter to the mouth. — 良薬口に苦し(諺)
Too *many* cooks spoil the broth. — 料理人が多いとスープが駄目になる(諺)
Two heads is better than *one*. — 一つの頭より二つの頭がまさる(諺)
The *European* plan is different from the *American* one. — 欧州式ホテル勘定はアメリカ式と異なる
March winds and *April* showers bring forth *May* flowers. 3月の風4月の雨が5月の花を咲かせる(諺)
A *rolling* stone gathers no moss. — 転石、苔を生ぜず(諺)
The *used* key is always bright. — 使っている鍵はいつも光っている(諺)
There is a time *to speak* and a time *to be silent*. — 話すべき時と黙るべき時がある (諺)
Live like *fighting* cocks. — 闘鶏のように暮せ (諺)
An *Englishman's* home is his castle. — 英国人の家庭は彼の城である。(諺)
A friend *in need* is a friend indeed. — まさかの友こそ真の友(諺)
No man is without enemies. — 敵のいない男はいない(諺)

副 詞
Make haste *slowly*. — ゆっくり急げ(急がば回れ)(諺)
There is no rule without exceptions. — 例外のないルールはない(諺)
It`s not what you say, but *how* you say it. — 何を言うかでなくて、いかに言うかだ(諺)
Every one leaps over the dike *where* it is lowest. — 誰でも垣根は一番低いところを越える(諺)
Mary *in haste*, and repent *at leisure*. — 急いで結婚し、ゆっくり後悔せよ(諺)
Eat *to live*, not live *to eat*. — 生きるために食え、食うために生きるな(諺)

動 詞 (含助動詞)
You *cannot* see the wood for the trees. — 木を見て森を見ず(諺)
There *is* no rose without a thorn. — とげのないバラはない(諺)
A man cannot *give* what he hasn't got. — ない袖は振れない(諺)
Accidents *will* happen. — 事故は起きるもの(諺)

前 置 詞
Never judge *by* appearances. — 見かけで判断するな(諺)
A railroad bridge runs *across* the river. — その川を横切って鉄道の橋が通っている
Concerning his disappearance, I can't think of any reason. 彼の失踪については理由が何も浮かばない
Out of the mouth, comes evil. — 口は禍のもと(諺)

接 続 詞
Give *and* take is fair play. — ギブアンドテイクはフェアプレー(諺)
You will never know *unless* you try. — やってみな9ければ、わからない(ものは試し)(諺)

品詞展開、語形/語尾変化と構成要素との関係

品詞(8 品詞が基本)	語形/語尾変化	英文構成要素 （巻末参照のこと）
名詞		
－普通名詞	単数、複数	
－集合名詞	単数、複数	
－物質名詞	変化なし(原則)	
－抽象名詞	変化なし(原則)	主語、目的語、補語
－固有名詞	変化なし	
名詞相当語 *動名詞*	動詞の原型を変える	
不定詞	To ＋ 動詞の原型	
The+形容詞		
or 過去分詞		
代名詞		
－人称代名詞	主格、所有格、目的格	
－指示代名詞	格変化なし	
－不定代名詞	格変化なし	主語、目的語、補語
－疑問代名詞	主格、所有格、目的格	
－関係代名詞	主格、所有格、目的格	（二つの文を結合させる）
形容詞　（含冠詞）		
冠詞	不定冠詞、定冠詞	
－形状形容詞	原形、比較級、最上級	
－数量形容詞		
－数詞形容詞		
－固有形容詞		**修飾語**
形容詞相当語 *名詞*		
現在分詞		
過去分詞		
不定詞		
動名詞		
人称代名		
詞所有格		（句とは 2 つ以上の単語の集まりのこと）
形容詞句		
副詞		
－単純副詞	原級、比較級、最上級	**修飾語**(動詞、形容詞、副詞、および文を修飾する)
－疑問副詞		疑問文で使用
－関係副詞		二つの文を結合させる
副詞相当語 *副詞句*		（句とは 2 つ以上の単語の集まりのこと）
動詞(含助動詞)	過去形、過去進行形、	
	過去完了、過去完了進行形、	
	現在形、現在進行形、	**述語動詞**　（助動詞を含む）
	現在完了、現在完了進行形、	主語の動作や状態を示す語句で、
	未来形、	HAVE 動詞、BE 動詞、DO 動詞に大別出来る。
	未来進行形、未来完了形、	
	未来完了進行形	
前置詞		
－単純前置詞	変化なし	**名詞**や**名詞相当語**（動名詞等）の前に
－複合前置詞		**置かれる語**で、その名詞と他のものを
－分詞前置詞		つなぎ、**形容詞句**や**副詞句**等の相当語を
－群前置詞		作りだすのに用いられる。
接続詞 －等位接続詞	変化なし	**単語と単語、句と句、節と節とを繋ぎ合わせる**
－従属接続詞		

間投詞は、八品詞の一つですが、**驚き、感激**、悲しみを表すだけの単語故、ここでは省略します。

語法 (Wording)一覧

Don't cut off the bough you are **standing** on.	- 自分が立っている枝は切るな(諺)
Learn **weeping** and you shall gain **laughing**.	- 泣きながら学びなさい、笑いながら得をしよう(諺)
The arrow that **has left** the bow never returns	- 弓を離れた矢は二度と戻らな(諺)
To do nothing is **to do ill**.	- 何もしないことは悪事をなすことである(諺)
It is ill **striving against the stream**.	- 流れに逆らうことはよくない(諺)
The devil finds work **for idle hands** to do.	- 悪魔は、暇な人達がやるべき仕事を見つけてくれる(諺)
Three, **helping one another**, bear the burden of six.	- 三人が、お互いに助け合えば、六人の荷物を担うことが出来る(諺)
Failure **teaches** success.	- 失敗は成功を教える(諺)
What **is done** cannot be undone.	- 為されたことは、元に戻すことは出来ない(諺)
If envy **were** a fever, all mankind **would be** ill.	- もし羨望が熱病だったら、人類はみんな病気になっていただろう(諺)
Each bird loves to hear himself **sing**.	- どの小鳥も自分が歌うのを聞くのが好きだ(諺)
Nothing is so certain as **the unexpected**.	- 予期しない事程確かなものはない(諺)
Practice **what you preach**.	- 人に説くことを実行しなさい(諺)
A friend **in need** is a friend indeed.	- 困った時の友は、真の友(諺)
The gods hate those **who** hesitate.	- 神々は、躊躇する人々を嫌う(諺)
Where there is no trust there is no love.	- 全然信頼がないところに愛も全然ない(諺)
Whatever can happen to one man can happen to every man.	- 一人の男に起きることは誰にでも起こり得る(諺)
It is never too late to mend.	- 改めるに遅すぎるということはない(諺)
Actions speak **louder** than words.	- 行動の方が言葉よりも大きく語る(諺)
There is **no** rose without thorns.	- とげのないバラはない(諺)
There is **nothing** new under the sun.	- 太陽の下に新しいものなし(諺)
All is **not** gold that glitters.	- 光るものかならずしも黄金ならず(諺)
After a calm comes a storm.	- 凪の後に嵐が来る(諺)
A stitch in time saves nine.	- 時宜を得た一針は九針の手間を省く(諺)
Fortune, **good or bad**, does not last forever.	- 運命は、幸運であれ、悪運であれ、永遠には続かない(諺)
It is not reason **that** governs love.	- 恋を支配するのは理性ではない(諺)
Many a true word is spoken in jest .	- 本当のことは冗談で言われることが多い(諺)
Come what may, all bad misfortune is to be conquered by endurance.	- 何が来ようとも、悪運のすべては、忍耐で打ち負かさねばならない(諺)
A word to **the wise** is enough.	- 賢者達には一言で足りる(諺)

進行形	「Be 動詞+現在分詞」の組み合わせで現在進行形を作る
付帯状況	「Be 動詞+現在分詞」の組み合わせで、ある動作と別の動作を同時に行う
完了形	「Have + 過去分詞」で完了形を作る
不定詞	動詞の原形に to を付けて名詞化する
動名詞	動詞の原形に ing を付けて名詞化する
意味上の主語(Sense Subject)	文法上は、主語でなくて、形容詞句あるいは副詞句でありながら、感覚上または意味上不定詞あるいは動名詞の主語となるもの
分詞構文	従属文の主語と接続詞を省き、動詞を現在分詞に変えて、副詞句の形にする(文章の圧縮)
受動態・能動態	他動詞の目的語を主語の位置に持ってきて、能動態を「Be 動詞+ 過去分詞」の形で受動態に変えるやり方
仮定法	事実、現実とは異なる事を想定して、希望、願望等を表現する語法
知覚/使役/思考動詞	これらの動詞の目的語後ろに来る動詞は、原形不定詞(to を伴わない)を取ります
The + 過去分詞	過去分詞となる動詞の動詞の働きを受けた事あるいはものを表す。　名詞相当語の扱い
節と句	一つの完全な文章となっているものと、複数の単語で構成された語群
関係代名詞	補足説明を文中で行う、英語独特の語法
関係副詞	関係代名詞とほぼ同じ機能の語法
複合関係詞	語尾に「ever」の付く関係詞
形式主語 IT	日本語にはみられない、便利な仮りの代用品
比較の用法	比較を表現する形容詞と副詞の語法
No を用いた否定表現	日本語には見られない否定の形容詞語法
無生物主語・目的語	日本語には見られない語法
否定	全否定や部分否定の否定表現法
倒置	強調のため語順倒置
省略	同一語の繰り返しを避ける省略語法
挿入	文中に挿入をする語法
強調	強調構文の語法
語順	通常の語順とは異なる語法
譲歩	明確な主張を避けて、一歩譲る形の表現法で相手を説得
The + 形容詞	形容詞の表す意味の人々、名詞扱い

英文構成要素 （主語、述語、目的語、補語、修飾語）

下記の例文により、英文構成要素と八品詞との相関関係を習得してください

	「諺」例文 （完全に記憶して、語順をマスターしてください）	
主語	*Truth* is stranger than fiction.	・事実は小説より奇なり(諺)
	It is ill striving against the stream.	・流れに逆らうのはよくない(諺)
	Doing is better than saying.	・実行することは、発言するよりいい(諺)
	To err is human, to forgive, divine.	・過つは人、許すは神(諺)
	The absent are always in the wrong.	・不在者はいつも悪者扱い(諺)
	What is done cannot be undone.	・一度したことは取り返しがつかない・覆水盆に返らず(諺)
	Slow but sure wins the race.	・ゆっくり確実で、レースに勝つ(諺)
述語	There *is no garden without weeds*..	・雑草のない庭はない(諺)
	A growing youth *has* a wolf in his belly.	・育ち盛りの若者の胃には狼がいる(諺)
	A rolling stone *gathers* no moss.	. 転石苔を生せず(諺)
目的語	None *knows* the weight of another's burden.	・何人も他人の荷物の重さを知らない(諺)
	Scratch my back and I will scratch *yours*.	・私の背中を掻いてくれ、君の背中を掻いてあげるよ(諺)
	A good beginning makes a good *ending*.	・始め良ければ、終わりよし(諺)
	Learn *to walk* before you (can) run.	・走る前に歩くことを学べ(諺)
	Fortune favours *the bold* (the brave).	・幸運は勇者に味方する (諺)
	Never tell your enemy *that your foot aches*.	・足が痛いなどと敵にはいうな(諺)
	Don`t go near the water until you learn *how to swim*.	・泳ぎ方を学ぶまで水に近づくな(諺)
	Practice *what you preach*.	・自分の説くことを実践しなさい(諺)
補語	Saying is *one thing* and doing is another.	・言うことと行うことは別のもの(諺)
	Another man`s poison is not necessarily *yours*.	・別人の毒が必ずしも君の毒とは限らない(諺)
	Custom makes all things *easy*.	・慣れれば万事容易になる(習うより慣れろ)(諺)
	Losers are always *in the wrong*.	・敗者はいつも悪いとされる(諺)
	Seeing is *believing*.	・見ることは信じること(百聞は一見に如かず)(諺)
	Do not cut the bough that you are *standing* on.	・自分が立っている枝は切るな(諺)
	Leave no stones *unturned* .	・どの石もひっくり返してみよ・あらゆる手段を尽くせ(諺)
	To do nothing is *to do ill*.	・何もしないことは、悪を為すことである(諺)
	It`s not *over* till it`s over.	・終わりまでは終りではない(諺)
	If you don't like the heat, get *out of the kitchen*.	・熱が嫌なら、台所から出ていけ(諺)
	Things are seldom *what they seem*.	・見かけ通りのものはめったにない(諺)
修飾語	*Still* waters run deep.	・静かな水は流れが深い・能ある鷹爪隠す(諺)
	Birds *of a feather* flock together.	・同じ羽の鳥は一緒に集まる・類は友を呼ぶ(諺)
	Happily, he found the way out.	・運よく出口が見つかった
	Hurrying gets you *nowhere*.	・慌ててはちっとも進まない・慌てる乞食は貰いが少ない(諺)
	A dog which barks much is never good *at hunting*.	・よく吠える犬は狩りは下手(諺)
	One is never too old *to learn*.	・学ぶのに年齢はない・六十の手習い(諺)
	Take things *as they come*.	・物事はあるがままに受け取れ(諺)
	Where there is whispering there is lying.	・囁きのあるところに嘘つきがある(諺)

構成要素の適格品詞

左の頁の「諺」例文を暗記することで、適格品詞を習得してください。

英文構成要素	機能説明	適格品詞、句、及び節
主語 (subject)	文の柱になる語、句、節	名詞 代名詞 動名詞 不定詞 The+形容詞相当語 名詞節(含引用文) 名詞相当語以外の品詞の句
述語動詞 (predicative)	主語の状態または動作を表す 語句	Be 動詞 Have 動詞 Do 動詞
目的語 (object)	他動詞の目的または前置詞の 目的となる語、句、節	名詞 代名詞 動名詞 不定詞 The+形容詞相当語 名詞節 名詞句 疑問詞節
補語 (complement)	不完全なものを補う語、句、節で、 主語についての叙述を完全にする 主格補語と目的語についての叙述 を完全にする目的格補語の二種類	名詞 代名詞 形容詞 形容詞句 動名詞 現在分詞 過去分詞 不定詞 副詞 副詞句 名詞節
修飾語 (modifier)	名詞、動名詞を修飾する語、句、節、 および 動詞、副詞、文を修飾する語、句、 節	形容詞 形容詞句 副詞 副詞 副詞句 副詞句 副詞節 副詞節

参考文献

書名	著者	出版社
COLLINS Cobuild English Language Dictionary 1987		William Collins Sons & Co Ltd
Webster`s New Collegiate Dictionary 1977		G.&C.Merriam Co.
新英和活用大辞典 A WORD-FINDER(1971)	勝俣銓吉郎	研究社
新英々大辞典 Idiomatic And Syntactic English Dictionary (1942)	A. S. Hornby	開拓社
The New Century 1991 年度版	木原研三	三省堂
英語の型と正用法(1962)	A. S. Hornby 著 岩崎民平訳	研究社
英文法解説(1955)	江川泰一朗	金子書房
英文法着眼点(1957)	岡田実磨	泰文堂
英語の冠詞がわかる本(2001)	正保富三	研究社

-

国内&海外ことわざ参照文献

英語ことわざ辞典　　　　　　大塚高信・高瀬省三　三省堂

Internet HP 英語のことわざ　　安藤邦男

-The Penguin Dictionary of Proverbs 1983
　　Rosalind Fergusson　Market House Books Ltd

- The Multicultural Dictionary of Proverbs 1997
　　Harold V. Cordry　(McFarland & Company, Inc.)

あとがき

　75 才で、初めて前著「英文法読本」を出版しましたが、何とか前著で表現出来なかったところをカバーしたいと願っていました。　やっと漕ぎつけて、次作を生み出した次第です。

　今回は、本のタイトルに、おこがましい "ことわざ・格言を楽しみながら「骨組みの可視化図」読み解く英文法の本質" という言葉をつけました。　その意図するのは、従来の定説になっている、「八品詞」分類を、動詞の派生語 4 種を加えて、これらの単独部品合計 12 種と更に、複合部品と呼ぶべき、形容詞句と副詞句の 2 種を加えて、総計 14 種の品種の考え方を提唱すること、更に、「英文法骨子の全体像」の可視化図を、わかり易い形で開示することにあります。英語教育には全く門外漢であった筆者が、本のタイトルに、かような冠言葉を使用したのは、英語学習・習得の道に一石を投ずることを願ってのことであります。世界のグローバル化の波の中にあって、何かのお役に立てばと願う次第です。

　「英文法」という言葉だけで、毛嫌いされるので、あくまで、前著と同様、徹底的に、異文化の「ことわざ・格言」を例文引用したのは、読んで楽しい内容であると同時に、英語の多彩な表現方法を学び、無意識の内に、英文法の仕組みを習得出来ることを狙いとしました。

　著者の考え方が、少しでも受け入れられて、英語の自学自習にお役に立てば、幸せこの上なしです。

2018 年　晩秋

横手隆弘

著者略歴

1937 年	神戸市に生まれ、後に岡山へ疎開
1955 年	岡山　興譲館高等学校卒業
1957 年	上智大学外国学部英語学科入学
1960 年	同学部卒業
1960-1971	現在東証二部の計測器メーカーで輸出入業務担当
1974-1997	現在東証一部の商社・メーカーで輸出入の貿易に従事、社内業務 EDP 化プロジェクトに関与、半導体・デバイス販売管理担当、定年退職
趣味:	囲碁 6 段、ソフトボール、カラオケ

ことわざ・格言を楽しみながら「骨組みの可視化図」で読み解く
英文法の本質

2019年 4月 1日　　初版発行

著　者　横手　隆弘

定価（本体価格2,000円＋税）

発行所　　株式会社　三恵社
〒462-0056 愛知県名古屋市北区中丸町2-24-1
TEL 052（915）5211
FAX 052（915）5019
URL http://www.sankeisha.com

乱丁・落丁の場合はお取替えいたします。
ISBN978-4-86693-007-7 C0082 ¥2000E